ASSIMIL®
Langues de poche

W0238985

..se en pages : **ASSIMIL** France

ISBN 978-2-7005-0460-6
ISSN 2109-6643

La version originale de cet ouvrage est parue en allemand sous le titre **Italienisch – Wort für Wort**, aux éditions Reise Know-How Verlag Peter Rump GmbH, Bielefeld.

L'Italien de poche

Ela Strieder

adaptation française
d'Elisabetta Ruffini

Illustrations de J.-L. Goussé

ASSiMiL®
Le don des langues
B.P. 25
94431 Chennevières sur Marne cedex
FRANCE

La Collection Langues de poche

Afrikaans – Albanais – Allemand – Alsacien – Anglais – Anglais pour globe-trotters – Anglais australien – Arabe algérien – Arabe égyptien – Arabe libanais – Arabe littéraire – Arabe marocain – Arabe tunisien – Arabe des pays du Golfe – Arménien – Auvergnat – Basque – Brésilien – Breton – Bruxellois – Bulgare – Calédonien – Catalan – Chinois – Chtimi – Coréen – Corse – Créole capverdien – Créole guadeloupéen – Créole guyanais – Créole haïtien – Créole martiniquais – Créole mauricien – Créole réunionnais – Croate – Danois – Espagnol – Espagnol d'Argentine – Espagnol de Cuba – Espagnol de République dominicaine – Espagnol du Mexique – Espéranto – Estonien – Finnois – Flamand – Francoprovençal – Gallois – Gascon – Géorgien – Grec – Hébreu – Hiéroglyphe – Hindi – Hongrois – Indonésien – Irlandais – Islandais – Italien – Italien pour fans d'opéra – Japonais – Kabyle – Lao – Languedocien – Letton – Lingala – Lituanien – Luxembourgeois – Lyonnais – Malgache – Maltais – Maori – Marseillais – Néerlandais – Norvégien – Ourdou – Picard – Platt lorrain – Polonais – Portugais – Provençal – Québécois – Roumain – Rromani – Russe – Serbe – Slovaque – Slovène – Suédois – Suisse alémanique – Tagalog – Tahitien – Tamoul – Tchèque – Thaï – Tibétain – Turc – Vietnamien – Wallon – Wolof – Zoulou

Français à l'usage des étrangers

- anglophones
- germanophones
- hispanophones
- Hongrois
- Italiens
- Japonais
- lusophones
- néerlandophones
- Polonais
- russophones
- Turcs

Sans interdits (Argot)

- Américain
- Anglais
- Bruxellois
- Espagnol
- Flamand
- Argot français pour néerlandophones
- Wallon

* En cours de réalisation, à paraître prochainement.

Langues de poche

Assimil,

une recette différente

Vos ingrédients :

- un condensé de grammaire ;
- une bonne dose de conversation, à base d'éléments nutritifs et variés ;
- un saupoudrage savamment dosé de conseils d'amis et de tuyaux sur les coutumes locales ;
- une bibliographie légère ;
- en dessert, un double lexique ;
- pour pimenter un peu le menu, un zeste d'humour avec nos illustrations souriantes ;
- et, en prime, six rabats ingénieux pour vous mettre en appétit.

Il ne vous reste plus qu'à mettre les pieds sous la table pour déguster ce repas équilibré au gré de votre appétit, et en tirer tous les bienfaits : confiance, joie de communiquer et de devenir un peu plus qu'un simple touriste.

Ce manuel ne prétend pas remplacer un cours de langue, mais si vous investissez un peu de temps dans sa lecture et apprenez quelques phrases, vous pourrez très vite communiquer. Tout sera alors différent, vous vivrez une expérience nouvelle.

Un conseil : ne cherchez pas la perfection ! Vos interlocuteurs vous pardonneront volontiers les petites fautes que vous pourriez commettre au début. **Le plus important, c'est d'abandonner vos complexes et d'oser parler.**

SOMMAIRE

AVANT-PROPOS

Mode d'emploi. 2
La grammaire 2
La conversation 2
Les lexiques 2
La traduction mot à mot 3
La transcription phonétique 3
Les chiffres 4
Les rabats 4
Prononciation et accentuation 4
L'accent tonique 4
La prononciation 5

GRAMMAIRE

La structure de la phrase 9
Questions – Réponses 10
L'article. 12
Le masculin 12
Le féminin 13
Les articles partitifs 13
Les noms 14
Les noms communs 14
Les pronoms. 16
Les pronoms personnels 16
Le vouvoiement en Italie 19
Les pronoms relatifs 20
Les pronoms possessifs 21

Les adjectifs . . . 22
Les adjectifs qualificatifs . . . 22
Le comparatif et le superlatif . . . 24
Les adjectifs possessifs . . . 28
Les adjectifs et les pronoms démonstratifs . . . 28
Les adjectifs les plus fréquents . . . 30
Les couleurs . . . 31
Les verbes et leur conjugaison . . . 31
Les verbes réguliers . . . 31
Les verbes irréguliers . . . 33
L'emploi des verbes . . . 35
L'infinitif . . . 35
Le participe présent . . . 36
Le gérondif . . . 36
L'indicatif . . . 37
Le subjonctif . . . 38
Le conditionnel . . . 38
L'impératif . . . 39
Être et avoir . . . 40
La négation . . . 42
Les prépositions . . . 44
Le temps qui passe . . . 46
Les jours de la semaine . . . 47
Les mois . . . 48
Les quatre saisons . . . 48
Les heures . . . 48
Les nombres . . . 51
Les cardinaux . . . 51
Les ordinaux . . . 52
Poids et mesures . . . 54

CONVERSATION

Quelques mots qui dépannent . . . 56
Les salutations . . . 60
Noms et titres . . . 63
Les noms propres . . . 63
Les titres honorifiques . . . 65

Demander, remercier et s'excuser 66
Souhaits et insultes 67
Joindre le geste à la parole 70
Premières conversations 71
  Comment engager une conversation 71
  Exprimer ses goûts 73
  Parler de sa profession 75
  Parler de son âge 76
  Déclarations d'amour 78
En vadrouille 80
  En voiture 80
  En train 83
  En avion 85
En ville 86
Dans la nature 88
  En montagne 88
  En plaine 89
  Autour des volcans 90
  À la mer 91
L'hébergement 92
  Où dormir ? 92
  La vie nocturne 96
Culture et traditions 102
  La famille 102
  Une invitation 103
  Les femmes 105
La religion 106
Les fêtes locales 108
  Il patrono 108
  Le "sagre" 109
  Les fêtes de la tradition 109
  Les fêtes civiles 110
Manger et boire 110
  Où va-t-on manger ? 110
  Le menu 112
  L'addition 124
  Une recette 125
  Le petit-déjeuner 126
Les achats – Au marché et au supermarché 126

Dans les magasins d'habillement et d'artisanat 131
La météo 137
Les journaux. 138
Prendre des photos. 139
Acheter des billets 142
L'administration 142
  Au commissariat. 144
  Remplir un formulaire 145
  Les infractions 146
  À la banque 147
Postes et télécommunications. 148
  Le téléphone. 148
  À la poste 151
Petits ennuis de santé 152
  Décrire sa maladie 153
  Le diagnostic et le traitement 154
Toilettes & Co. 155
Rien compris ? 157
Les surnoms 158
Bibliographie 160
  Grammaire 160
  Guides 160
  Romans et essais 160
  Musique 161
  Films 161
  Sites Internet 161

ANNEXES

Lexique italien – français 167
Lexique français – italien 180

Le participe passé des verbes irréguliers 194

AVANT-PROPOS

Eh bien non, tous les Italiens ne parlent pas français ! Et comme par ailleurs il est évident que vous voulez connaître autre chose de l'Italie que les spaghettis, la mer et le Chianti, vous avez décidé de faire le nécessaire pour communiquer avec les habitants. Nous nous proposons donc de vous y aider avec ce guide Assimil *langue de poche*, en vous soufflant des "mots de passe" pour la plupart des situations que vous serez appelé/e à rencontrer au cours de votre voyage.

Pour communiquer, il suffit de comprendre... un peu et de vous faire comprendre. Notre ambition n'est pas, bien sûr, que vous vous exprimiez d'une manière académiquement parfaite. Nous espérons plutôt vous transmettre l'envie d'apprendre la langue pour plonger au cœur de la vie du pays. Nous vous accompagnerons jusqu'au point où vous n'aurez plus de craintes à aborder la langue italienne, moins d'incertitudes face à sa musicalité et à sa structure. Pour aller au-delà de cette première approche, il vous appartiendra à vous, après un séjour inoubliable, d'approfondir vos connaissances par un apprentissage plus intensif.

Nous vous promettons qu'en très peu de temps, avec un minimum de connaissances grammaticales, de vocabulaire utile et d'informations sur le pays, vous vous lancerez sans difficulté, et votre séjour s'enrichira de discussions amusantes et de rencontres sympathiques : les Italiens sont des bavards impénitents, et ils seront émerveillés de voir l'effort que vous avez fait pour aller vers eux dans leur langue.

La langue italienne est très riche et possède des expressions très imagées. Alors laissez-vous aller ! Même si vous ne la maîtrisez que partiellement, tout le monde aura envie de vous comprendre et de vous aider, le cas échéant. Les Italiens sont, par nature, ouverts et hospitaliers. Quant au pays, il est riche en surprises et en joyaux cachés que, grâce à vos connaissances linguistiques toutes fraîches, vous pourrez découvrir facilement.

Cette Italie à découvrir, qui vaut vraiment la peine d'être connue, d'être aimée, elle est à vous !

Il ne nous reste qu'à vous souhaiter bon voyage en vous conseillant de ne pas garder votre "langue de poche" dans votre poche… elle ne demande qu'à s'exprimer !

Et nous vous disons :

Benvenuti!

MODE D'EMPLOI

Trois parties composent cet ouvrage :

La grammaire

Cette première partie résume de manière simple les règles de base de la grammaire italienne. Les exceptions et les finesses de la langue ne sont pas abordées ! Toutefois la partie Conversation vous aidera à les appréhender.

Et si vraiment vous voulez aller plus loin, consultez la bibliographie que nous vous donnons avant les lexiques.

La conversation

Vous trouverez dans cette rubrique, classés par thèmes, de nombreux sujets de la vie courante. Peu à peu, vous vous familiariserez avec les structures de la langue et découvrirez l'italien tel que vous l'entendrez lors de votre voyage.

Les lexiques

Nous y avons répertorié plus de mille mots choisis parmi les plus utiles, en italien-français et français-italien.

La traduction mot à mot

En outre, pour vous aider dans votre apprentissage, nous vous donnons, pour chaque phrase, une traduction littérale pour mieux ancrer en vous la structure de la langue italienne. Elle accompagne les phrases les plus éloignées du français dans leur structure et elle vous aidera à comprendre comment les phrases sont construites, car chaque langue a un mécanisme qui lui est propre. Vous trouverez donc sous la plupart des phrases en italien sa traduction littérale en petits caractères. Chaque mot italien y est traduit dans le même ordre, et lorsqu'un mot italien se traduit par deux mots français, ces derniers sont réunis par un tiret.
L'italien n'étant pas une langue très éloignée du français, nous avons décidé, par souci de simplicité, de ne mettre la traduction mot à mot que là où les deux langues diffèrent sensiblement.

La transcription phonétique

Cette transcription "à la française", présentée en italique, accompagne chaque phrase ou mot ; elle vous aidera à approcher au mieux la prononciation idéale. Ne manquez pas non plus de consulter le chapitre ***La prononciation***.

Voici comment vous trouverez les phrases de cet ouvrage :

> **Siamo arrivati due giorni fa.**
> *si-amo aR-Rivati dou-é djoRni fa*
> sommes arrivés deux jours fait
> Nous sommes arrivés il y a deux jours.

Une fois sur place, lancez-vous ! N'ayez pas peur de vous tromper, vos efforts seront sans aucun doute récompensés par l'accueil chaleureux que vous recevrez en échange... et, de toute façon, nul n'attend de vous la perfection !

Les chiffres

Pour vous permettre d'apprendre à compter en italien, tous les numéros de pages sont donnés en chiffres et en lettres.

Les rabats

Grâce aux six rabats d'un accès facile, vous aurez toujours sous la main les mots les plus fréquents et les phrases et tournures les plus utiles.

Et si vraiment vous êtes à court, ayez recours à la rubrique ***Rien compris ? Essayez ça !*** du troisième rabat en début d'ouvrage.

PRONONCIATION ET ACCENTUATION

L'accent tonique

La règle est de faire porter l'accent tonique sur l'avant-dernière syllabe, ex : **buono** *bou-ono, bon* ; **parlare** *paRlaRé, parler* ; **bambino** *ba-mbino, enfant.*
Il y a, bien sûr, d'autres possibilités. Nous vous signalons les plus fréquentes :

⇒ l'accent sur la dernière syllabe. Les mots qui le portent sont faciles à reconnaître, car ils portent un accent grave sur la dernière voyelle : **è** *è, est* ; **città** *tchit-tà, ville* ; **caffè** *kaf-fè, café* ; **più** *pi-ou, plus.*

⇒ l'accent sur l'avant-avant-dernière syllabe. Parmi les mots qui portent cet accent, on trouve, entre autres :

- les verbes à la 3e personne du pluriel : **parlano** *paRlano, ils parlent* ; **vedono** *védono, ils voient* ; **mangiano** *ma-ndjano, ils mangent* ;
- l'infinitif de la plupart des verbes en **-ere** : **credere** *kRédéRé, croire* ; **ridere** *RidéRé, rire* ;
- des mots comme **facile** *fatchilé, facile* ; **tavolo** *tavolo, table* ; **telefono** *téléfono, téléphone.*

La prononciation

Il est très facile de prononcer – et donc de lire – correctement l'italien. Les quelques spécificités de cette langue sont faciles à retenir.

Les lettres d'un mot doivent toutes être prononcées, l'une après l'autre.

• Les voyelles

Elles sont au nombre de cinq : **a**, **e**, **i**, **o**, **u**.
Parmi ces voyelles, le **a** et le **i** se prononcent comme en français. Pour les autres, le tableau qui suit vous indique leur prononciation spécifique, une équivalence en français, un exemple d'application dans un mot italien et sa prononciation (transcription phonétique) en français.

e ouvert	*è*	lait	**gelo**	*djèlo*	gel
e fermé	*é*	état	**seta**	*séta*	soie
o ouvert	*ò*	fort	**poco**	*pòko*	peu
o fermé	*o*	faux	**pollo**	*pol-lo*	poulet
u	*ou*	tout	**tu**	*tou*	tu

Remarques :

• Il ne faut pas oublier de prononcer le **e** en fin de mot : dans ce cas, le **e** est toujours fermé. Il peut arriver que le **e** en fin de mot soit supprimé pour des questions de liaison avec le mot qui le suit. Souvenez-vous que les mots suivants : **signore**, *monsieur*, **professore**, *professeur*, **dottore**, *docteur*, placés devant le nom ou le prénom de personnes, deviennent respectivement **signor Mario** *sign-oR MaRi-o*, **professor Rossi** *pRofes-soR Ros-si*, **dottor Rossi** *dot-toR Ros-si*.

• Tous les **e** qui ne portent pas l'accent tonique sont fermés. Pour les autres – comme pour le **o** – vous pouvez presque oublier la différence entre fermé et ouvert. Les variantes régionales sont nombreuses, de sorte que les Italiens eux-mêmes ne savent pas la reconnaître d'emblée. Retenez-la seulement pour les mots suivants : **pésca** *péska, pêche* ; **pèsca** *pèska, pêche* (le fruit) ; **volto** *volto, visage* ; **vòlto** *vòlto, je tourne.*

• Vous ne pourrez pas faire l'impasse sur le **u**. Le **u** prononcé à la française n'existe pas en italien ; il faut toujours le prononcer *ou*.

• Oubliez la prononciation française des nasales – in, on, etc. – et des diphtongues – voyelles dont la prononciation est transformée par la voyelle suivante :
an, **en**, **in** et **on** se lisent respectivement *a-n(e)*, *è-n(e)*, *i-n(e)* et *o-n(e)*. Ex. **chianti**, *le vin*, se prononce *ki-a-nti*,
ai, **au**, **eu**, **ou** et **ie** se lisent respectivement *a-i*, *a-ou*, *é-ou*, *ò-ou* et *i-é*. Ex. **chiesa**, *église*, se prononce *ki-éza*.
Pour **ia**, **io**, **iu**, ne vous inquiétez pas et lisez tranquillement *i-a*, *i-o*, *i-ou*. Ex. **camicia**, *chemise*, se prononce *kamitchi-a*.

Lorsque des groupes de voyelles viennent au contact de certaines consonnes, la première voyelle du groupe en détermine la prononciation (voir tableau ci-dessous).

• Les consonnes

Il y a 15 consonnes en italien (voir l'alphabet sur le rabat 1), mais le **k** et le **w** n'apparaissent que dans des mots étrangers, comme **whisky**, par exemple.

En ce qui concerne leur prononciation, nous vous signalons seulement les cas où la combinaison entre consonne/s et voyelle ou entre consonne et consonne peut poser quelques difficultés. Le tableau qui suit vous donne pour les consonnes et leurs combinaisons – dont la prononciation peut faire hésiter – une équivalence dans la langue française, un exemple de mot italien et sa prononciation à la française.

Lettre	Transcription	Mot italien
c dur, devant **a**, **o**, **u**	*k* comme dans *cas* (même après **s**)	**camera** *kamèRa* chambre **scuola** *skou-ola* école
ch devant **e** et **i**	*k*	**chiesa** *ki-éza* église

c doux, devant **e**, **i**	*tch* comme dans *tchèque* ou *ch* après **s** comme dans *charité*	**cielo** *tchi-èlo* ciel **sci** *chi* ski
g dur, devant **a**, **o**, **u**	*g* comme dans *gare*	**gatto** *gat-to* chat
gh	*gu* comme dans *guitare*	**laghi** *lagui* lacs
g doux, devant **e**, **i**	*dj* comme dans *gin*	**gelato** *djélato* glace
gli	*lyi* (très difficile) : entraînez-vous à dire *bal-yiddisch*	**maglia** *malyi-a* pull-over
gn	*gn-* comme dans *pagne*	**vergogna** *véRgogn-a* honte
qu	*kw* comme dans *quoi*	**quattro** *kwat-tRo* quatre
s entre voyelles ou + **b**, **d**, **g**, **l**, **m**, **n**, **r**, **v**	*z* comme dans *rose*	**rosa** *Roza* rose **sbadiglio** *zbadilyi-o* bâillement **smorfia** *zmòRfi-a* grimace
s dans tous les autres cas	*s* comme dans *saucisse*, *minus*	**sole** *solé* soleil **autobus** *a-outobouss* autobus
z entre voyelles	*ds* comme dans la liaison "*pas d'si tôt*"	**paziente** *padsiè-nté* patient
z dans les autres cas	*dz* : pas facile non plus : vous avez le droit "*d'zozoter*"	**zanzara** *dza-ndzaRa* moustique

Et il ne faut pas oublier le **r** ! Là, il n'y a vraiment rien à faire : c'est le "erre" toujours bien roulé des Italiens. Nous le transcrirons par *R* et vous n'oublierez pas de le rouler le plus possible. Mais ne vous inquiétez pas du résultat : ce sera votre charme français !

Remarques :

• Nous avons dit que les groupes de voyelles **ia**, **io**, **iu**, **ie** se prononcent *i-a*, *i-o*, *i-ou*, *i-é*. On a dit aussi que devant le **i**, le **c** et le **g** sont doux : *tch* et *dj*. Donc pour **cia**, **cio**, **ciu**, **cie**, **gia**, **gio**, **giu**, **gie**, la transcription correcte devrait être : *tchi-a, tchi-ò, tchi-ou, tchi-è, dji-a, dji-o, dji-ou, dji-è*. Mais vous savez que les Italiens parlent vite, ce qui fait que lorsqu'ils prononcent ces groupes de lettres, le **i** disparaît presque. Pour vous le rappeler, nous transcrirons donc ces groupes de la façon suivante : *tcha, tcho, tchou, tché, dja, djo, djou, djé*. Dans les cas où il y a redoublement de consonnes on transcrira en revanche, *tch-ci-a, tch-ci-o, tch-ci-ou, tch-ci-é, dj-gi-a, dj-gi-o, dj-gi-ou, dj-gi-é*.

• Il est bon de savoir qu'à l'instar du français, l'italien comporte beaucoup de redoublements de consonnes. C'est ce qu'on appelle **le doppie** *le doppi-é, les doubles*, cauchemar de tous les petits Italiens qui apprennent à écrire. Ce redoublement provoque un renforcement du son de la consonne, la voix s'arrêtant sur la consonne doublée. Pour comprendre la différence entre consonne simple et consonne double, voyez ces exemples… et les risques d'erreur possibles :

pala	**palla**	**eco**	**ecco**
pala	*pal-la*	*éko*	*èk-ko*
pelle	ballon	écho	voici

Pour simplifier la transcription phonétique, lorsque la consonne italienne est transcrite par un groupe de consonnes françaises, nous transcrirons la première selon les conventions de prononciation, et la deuxième comme elle est écrite : Ex. **eccetera** *et cetera* sera transcrit *étch-cètéRa*.

• Le **h** ne correspond à aucun son particulier : c'est un simple signe graphique. Quand il se trouve au début d'un mot, notamment dans le verbe "avoir", il sert à distinguer le verbe des prépositions. Il ne sera donc représenté par aucun signe particulier dans la transcription phonétique.

Maria ha una bella casa.
MaRi-a a ouna bèl-la kaza
Marie a une belle maison.

Vado a casa.
vado a kaza
vais à maison
Je vais à la maison.

LA STRUCTURE DE LA PHRASE

La construction de la phrase est identique à celle du français :

Sujet	Verbe	Complément
Chiara	**compra**	**i fiori.**
ki-aRa	*ko-mpRa*	*i fi-oRi*
Claire	achète	les fleurs.

Toutefois le sujet est souvent sous-entendu, surtout quand il s'agit du pronom :

Legge	**un libro.**
lédj-gé	*ou-n libRo*
lit	un livre
Il/Elle lit	un livre.

Le sujet est exprimé lorsqu'il peut y avoir des ambiguïtés ou lorsqu'on veut le souligner. Dans ce dernier cas, il peut même être placé derrière le verbe :

Ho preparato	**io**	**la torta.**
o pRépaRato	*i-o*	*la toRta*
ai préparé	je	le gâteau

C'est moi qui ai préparé le gâteau.

Pour la place des compléments, fiez-vous à vos habitudes.

QUESTIONS – RÉPONSES

À la différence du français, l'italien ne propose pas une construction spécifique pour les interrogations. C'est l'intonation qui donne le ton à l'oral, et le point d'interrogation qui l'indique à l'écrit.

Giovanni viene?
djova-n-ni vi-èné
Jean vient
Est-ce que Jean vient ?

L'inversion du sujet n'est pas obligatoire ! Cependant, vous pouvez la trouver fréquemment après les pronoms et les adverbes interrogatifs :

Che cosa ti ha detto Marco?
ké koza ti a dét-to maRko
que chose t'a dit Marc
Que t'a dit Marc ?

Quanto costa il giornale?
kwa-nto kosta il djoRnalé
Combien coûte le journal ?

Les adverbes et les pronoms interrogatifs les plus fréquents :

quanto?	*kwa-nto*	combien ?
come?	*komé*	comment ?
dove?	*dové*	où ?
quale?	*kwalé*	lequel ?, laquelle ?
perché?	*péRké*	pourquoi ?
quando?	*kwa-ndo*	quand ?
chi?	*ki*	qui ?
che cosa?	*ké koza*	quoi ?

Il est simple de répondre par **sì** *si, oui* ou par **no** *no, non.*

Souvenez-vous que l'italien emploie le même mot, **perché**, pour dire *pourquoi, parce que* et *car* :

Une maman demande à son enfant :

Perché non hai messo il maglione?
péRké no-n a-i més-so il malyi-oné
Pourquoi n'as-tu pas mis (le) ton pull ?

Et l'enfant répond :

Perché non avevo freddo.
péRké no-n avévo fRéd-do
Parce que je n'avais pas froid.

Une autre façon de répondre consiste à reprendre les mots employés par votre interlocuteur, ce qui peut vous être d'une aide précieuse.

En route vers Florence, Marie et Jacques rencontrent, dans un café, une vieille dame que la solitude pousse au bavardage :

La dame : **Scusate signori, ho sentito parlare francese... venite dalla Francia?**
skouzaté sign-oRi o sé-ntito paRlaRé fRa-ntchézé vé-nité dal-la fRa-ntchi-a
Pardon Messieurs, j'ai entendu parler français... Venez-vous de France ?

Jacques : **No, veniamo dal Belgio.**
no véni-amo dal béldjo
non, venons du Belgique
Non, nous venons de Belgique.

La dame : **Ah! la canzone di Brel, "Bruxelles"... C'è un cantante italiano che vi piace?**
a la ka-ndzoné di bRèl bRouxèl tch'è ou-n ka-nta-nté itali-ano ké vi pi-atché
ah ! la chanson de Brel "Bruxelles"... y-est un chanteur italien qui vous plaît
Ah ! La chanson de Brel, "Bruxelles"... Y a-t-il un chanteur italien que vous aimez ?

Marie : **A me piace De André.**
a mé pi-atché dé a-ndRé
à moi plaît De André
Moi, j'aime De André.

La dame : **Allora forse state andando a Genova… magari in "via del campo", conoscete la canzone?**
al-loRa foRsé staté a-ndando a djénova magaRi i-n vi-a dél ka-mpo konochété la ka-ndsoné
Alors, peut-être êtes-vous en train d'aller à Gênes… peut-être bien à "via del campo", vous connaissez la chanson ?

Marie : **Ah sì, conosco quella canzone!**
a si konosko kwèl-la ka-nzoné
Ah oui, je connais cette chanson-là !

L'ARTICLE

Comme en français, l'article peut être défini ou indéfini :

	Article défini		Article indéfini	
	masculin	féminin	masculin	féminin
Sing.	**il, lo, l'** *il, lo, l* le, l'	**la, l'** *la, l* la	**un, uno** *ou-n, ouno* un	**una, un'** *ouna, ou-n* une
Pl.	**i, gli** *i, lyi* les	**le** *lé* les	**dei, degli** *dè-i, délyi* des	**delle** *dèl-lé* des

Pour ce qui est du choix entre article défini et article indéfini, fiez-vous à vos habitudes. En revanche, il va vous falloir apprendre à choisir parmi des formes qui sont plus nombreuses en italien.

Le masculin

La forme de l'article défini **il** (au pluriel **i**) et celle de l'article indéfini **un** (au pluriel **dei**) sont les formes les plus courantes. Mais, attention !

Devant les mots qui commencent par **s** + consonne, par **p** + **s**, par **g** + **n**, par **z** et par **x** :
- la forme de l'article défini est **lo** (au pluriel **gli**) ;
- celle de l'article indéfini est **uno** (au pluriel **degli**).

lo studente	**gli studenti**	**uno studente**	**degli studenti**
lo stoudé-nté	*lyi stoudé-nti*	*ouno stoudé-nté*	*dèlyi stoudé-nti*
l'étudiant	les étudiants	un étudiant	des étudiants

Devant tous les mots qui commencent par une voyelle :
- la forme de l'article défini devient **l'** (au pluriel **gli**) ;
- celle de l'article indéfini devient **un** (au pluriel **degli**).

l'albero	**gli alberi**	**un albero**	**degli alberi**
l'albéRo	*lyi albéRi*	*ou-n albéRo*	*délyi albéRi*
l'arbre	les arbres	un arbre	des arbres

Le féminin

Attention au singulier de l'article défini et indéfini face aux noms commençant par une voyelle :

l'ora	**un'ora**
l'oRa	*ou-n'oRa*
l'heure	une heure

Remarque :
Si vous passez par les régions du Nord, il vous arrivera d'entendre l'article devant les prénoms. Ce n'est pas la norme, mais l'usage. C'est l'une de nombreuses traces que les dialectes, en disparaissant, ont laissées dans l'italien parlé.

Les articles partitifs

du, *de la*, *des*, correspondent en italien aux articles contractés :

del, dello, dell'	**della, dell'**	**dei, degli, delle**
dél dél-lo dél-l	*dél-la dél-l*	*dé-i délyi dél-lé*

Si vous vous fiez à vos habitudes, vous ne ferez pas d'erreurs graves. Néanmoins, remarquez que :

- Le partitif est souvent omis dans des phrases comme :

Ho cenato con amici.
o tchénato ko-n amitchi
ai dîné avec amis
J'ai dîné avec des amis.

- Le partitif ne change pas devant les adjectifs qualificatifs :

Ho visto delle belle case.
o visto dél-lé bèl-lé kazé
ai vu des belles maisons
J'ai vu de belles maisons.

LES NOMS

Les noms communs

Comme en français, l'italien ne comporte que les genres masculin et féminin, qui sont souvent identiques à ceux du français. Cependant il y a, bien sûr, des exceptions.

il mare
il maRé
la mer

la domenica
la doménika
le dimanche

• Le genre masculin

En règle générale, tous les noms qui se terminent en -**o** sont masculins. Leur pluriel se termine en -**i**.

il gatto
il gat-to
le chat

i gatti
i gat-ti
les chats

Il y a, là aussi, des exceptions :

– Certains noms sont masculins tout en se terminant en -**a**. Au pluriel, ils peuvent se terminer en -**i** ou rester invariables :

il problema	**i problemi**	**il cinema**	**i cinema**
il pRobléma	*i pRoblémi*	*il tchinéma*	*i tchinéma*
le problème	les problèmes	le cinéma	les cinémas

– Certains noms se terminant en -**o** sont féminins. Au pluriel, ils peuvent se terminer en -**i** ou rester invariables :

la mano	**le mani**	**la radio**	**le radio**
la mano	*lé mani*	*la Radi-o*	*lé Radi-o*
la main	les mains	la radio	les radios

• Le genre féminin

Sont féminins :

– presque tous les noms qui se terminent en -**a**. Leur pluriel se termine en -**e** :

la casa	**le case**
la kaza	*lé kazé*
la maison	les maisons

– tous les noms qui se terminent en -**tà**, -**tù** et beaucoup de noms qui se terminent en -**i**. Au pluriel, ils ne changent pas :

la novità	**le novità**	**la tesi**	**le tesi**
la novità	*lé novità*	*la tézi*	*lé tézi*
la nouveauté	les nouveautés	la thèse	les thèses

Remarques :

• Les noms se terminant au singulier en -**e** peuvent être de genre masculin ou féminin. Au pluriel, ils se terminent toujours en -**i** :

il giornale	**i giornali**
il djoRnalé	*i djoRnali*
le journal	les journaux

la rete *la Rété* le filet/le réseau	**le reti** *lé Réti* les filets/les réseaux

• Au pluriel, certains noms masculins prennent le genre féminin et se terminent en **-a** :

l'uovo *l'ou-ovo* l'œuf	**le uova** *lé ou-ova* les œufs	**il lenzuolo** *il lé-ndzou-olo* le drap	**le lenzuola** *lé lé-ndzou-ola* les draps

• Attention aux noms se terminant en **-ca** et **-ga** et en **-co** et **-go**. Au pluriel, ils peuvent se terminer en **-che**, **-ghe**, **-chi**, **-ghi**. Retenez par exemple :

il belga *il bélga* le Belge	**la belga** *la bélga* la Belge
i belgi *i béldji* les Belges (m.)	**le belghe** *lé bélgué* les Belges (f.)

LES PRONOMS

Les pronoms personnels

Voici les pronoms personnels employés comme sujet :

	Singulier	Pluriel
1re pers.	**io** *i-o* je	**noi** *no-i* nous
2e pers.	**tu** *tou* tu	**voi** *vo-i* vous
3e pers.	**lui** *lou-i* il **lei** *lè-i* elle	**loro** *loRo* il, elles

Pour leur utilisation, reportez-vous au chapitre ***La structure de la phrase***, en page 9.

Les pronoms personnels employés comme complément se présentent sous deux formes, l'une tonique, l'autre atone :

	Forme tonique		Forme atone	
Singulier				
1re pers.	**me** *mé*	me/moi	**mi** *mi*	me/moi
2e pers.	**te** *té*	te/toi	**ti** *ti*	te/toi
3e pers.	**lui** *lou-i*	le/lui	**lo** *lo*	le
			gli *lyi*	lui
	lei *l-èi*	la/lui	**la** *la*	la
			le *lé*	lui, à elle
3e pers. réfléchie	**sé** *sé*	lui/elle/soi	**si** *si*	se
Pluriel				
1re pers.	**noi** *no-i*	nous	**ci** *tchi*	nous
2e pers.	**voi** *vo-i*	vous	**vi** *vi*	vous
3e pers.	**loro** *loRo*	les/leur	**li** *li*	les (m.)
			le *lé*	les (f.)
			gli *lyi*	leur
3e pers. réfléchie	**sé** *sé*	eux/elles	**si** *si*	se, à soi

Pour pouvoir faire rapidement votre choix, gardez à l'esprit les règles suivantes :

• Généralement, les formes atones ne peuvent être utilisées que lorsqu'on emploie les pronoms personnels en fonction de complément d'objet et de complément d'attribution.

La vedo nel pomeriggio.
la védo nél poméRidj-gi-o
Je la vois dans l'après-midi.

Ti chiamo più tardi.
ti ki-amo pi-ou taRdi
Je t'appelle plus tard.

• Quand le complément est introduit par une préposition, pour ne pas vous tromper, utilisez toujours les formes toniques.

Io vengo con te.
i-o vé-ngo ko-n té
Je viens avec toi.

• Lorsqu'on peut employer indifféremment l'une ou l'autre forme, sachez que les formes toniques mettent en relief le complément.

Ti parlo.
ti paRlo
Je te parle.

mais :

Parlo a te!
paRlo a té
Je te parle, à toi !

En ce qui concerne la place du pronom personnel complément, vous pouvez suivre, à peu de choses près, les règles de la langue française.

Nous vous présentons ici les cas où vous pourrez vous trompez :

• les formes atones et le verbe à l'infinitif :

Penso di vederlo oggi.
pé-nso di védéRlo odj-gi
pense de voir-le aujourd'hui
Je pense le voir aujourd'hui.

• les formes atones et les verbes **potere** *pouvoir*, **volere** *vouloir*, **dovere** *devoir*, **sapere** *savoir*, etc. :

Mi devi seguire.
mi dévi ségou-iRé
me dois suivre
Tu dois me suivre.

Lo so fare.
lo so faRé
le sais faire
Je sais le faire.

Nous vous déconseillons l'utilisation de plus d'un pronom à la fois ! L'enchaînement comporte, dans certains cas, des règles précises, un peu trop compliquées pour un guide de poche.

Remarquez ces emplois du pronom personnel **la** :

Mi menti, non me la dici tutta.
mi mé-nti no-n mé la ditchi tout-ta
me mens, ne me la dis toute
Tu me mens, tu ne me parles pas sincèrement.

Mi ha ingannato. Me l'ha fatta sotto il naso.
mi a i-nga-n-nato mé l'a fat-ta sot-to il nazo
m'a trompé - me l'a faite sous le nez
Il m'a dupée. Il m'a eue à mon nez et à ma barbe.

Le vouvoiement en Italie

Il y a longtemps, on se vouvoyait en Italie. Aujourd'hui on a l'habitude de "**darsi del lei**" (litt. "se donner du **lei**"), c'est-à-dire qu'on se sert du **Lei** au singulier, *elle,* et du **Loro** au pluriel, *eux / elles*.
Lei est la troisième personne du féminin singulier. La politesse fait en sorte que l'on garde les distances, et que l'on parle avec la "personne de" notre interlocuteur. C'est pourquoi le pronom est toujours au féminin, tant pour une femme que pour un homme.
Notez qu'on a de plus en plus tendance, au pluriel, à faire appel à **Voi** *vous*, plutôt qu'à **Loro** (litt. "eux / elles").

Faites alors attention :
• à ne pas confondre **le** (pronom personnel féminin pluriel en tant que complément d'objet) avec **le** (pronom personnel féminin singulier en tant que complément d'attribution), employé comme forme de politesse. Quelques exemples valent mieux qu'un long discours :

Le ho viste uscire. (le ragazze)
lé o visté ouchiRé
les ai vues sortir
Je les ai vues sortir. (les filles)

Le (a Lei, signor Rossi) mando le valigie in albergo.
lé ma-ndo lé validjé i-n albèRgo
lui envoie les valises en hôtel
Je vous envoie les bagages à l'hôtel. (à vous, M. Rossi)

• à toujours employer **la** pour le complément d'objet, qu'il s'agisse d'un homme ou d'une femme :

Signor Rossi buongiorno. La porto in centro.
sign-oR Ros-si bou-o-ndjoRno la poRto i-n tchè-ntRo
Monsieur Rossi, bonjour - l'amène en centre
Bonjour, monsieur Rossi. Je vous emmène au centre-ville.

Les pronoms relatifs

Leur emploi ne diffère pratiquement pas de celui du français. Voici, en revanche, le tableau des formes existantes :

sujet	**che**	*ké*	qui
compl. d'objet direct	**che**	*ké*	que
compl. d'attribution	**a cui**	*a kou-i*	à qui, à quoi
compl. de nom	**di cui**	*di kou-i*	dont
compl. d'objet indirect	**con cui**	*kon kou-i*	avec qui, par quoi

Attention :

• **Che** peut être soit sujet, soit complément d'objet :

La donna che saluta è la mia mamma.
la do-n-na ké salouta è la mi-a mam-ma
La femme qui salue est ma mère.

Il libro che ho letto è interessante.
il libRo ké o lèt-to è i-ntéRés-sa-nté
Le livre que j'ai lu est intéressant.

• N'accordez jamais le participe passé dans des phrases comme :

Le foto che mi hai regalato sono bellissime.
lé foto ké mi a-i Régalato sono bél-lis-simé
les photos que m'as donné sont très-belles
Les photos que tu m'as données sont très belles.

Les pronoms possessifs

Les pronoms possessifs s'emploient comme en français.

Masculin singulier			Féminin singulier		
il mio	**il tuo**	**il suo**	**la mia**	**la tua**	**la sua**
il mi-o	*il tou-o*	*il sou-o*	*la mi-a*	*la tou-a*	*la sou-a*
le mien	le tien	le sien	la mienne	la tienne	la sienne
il nostro	**il vostro**	**il loro**	**la nostra**	**la vostra**	**la loro**
il nostRo	*il vostRo*	*il loRo*	*la nostRa*	*la vostRa*	*la loRo*
le nôtre	le vôtre	le leur	la nôtre	la vôtre	la leur
i miei	**i tuoi**	**i suoi**	**le mie**	**le tue**	**le sue**
i mi-é-i	*i tou-i*	*i sou-oi*	*lé mi-é*	*lé tou-é*	*lé sou-é*
les miens	les tiens	les siens	les miennes	les tiennes	les siennes
i nostri	**i vostri**	**i loro**	**le nostre**	**le vostre**	**le loro**
i nostRi	*i vostRi*	*i loRo*	*lé nostRé*	*lé vostRé*	*lé loRo*
les nôtres	les vôtres	les leurs	les nôtres	les vôtres	les leurs

Pour parler de ses parents ou de sa famille, il est courant d'employer le pluriel du pronom possessif :

Passo le vacanze con i miei.
pas-so ló vaka-ndzé ko-n i mi-èi
Je passe les vacances en famille (chez mes parents).

• Le sujet impersonnel "on"

En italien, le "on" correspond en général à **si** :

Si ha sempre bisogno di aiuto.
si a sé-mpRé bizogn-o di a-i-outo
On a toujours besoin d'aide.

… toutefois, il est moins employé qu'en français. À la place, on fait appel à la forme plurielle :

Siamo rimasti buoni amici.
si-amo Rimasti bou-oni amitchi
sommes restés bons amis
On est restés bons amis.

LES ADJECTIFS

Les adjectifs qualificatifs

Comme en français, l'adjectif qualificatif s'accorde en genre et en nombre avec le nom.

Les adjectifs se terminant
• au singulier en **-o** sont masculins. Au pluriel, ils se terminent en **-i** :

il libro nuovo	**i libri nuovi**
il libRo nou-ovo	*i libRi nou-ovi*
le livre neuf	les livres neufs

• au singulier en **-a** sont féminins. Au pluriel, ils se terminent en **-e**. Mais attention ! Certains peuvent être masculins, leur pluriel se terminant alors en **-i** :

la sedia rossa	**le sedie rosse**
la sédi-a Ros-sa	*lé sédi-é Ros-sé*
la chaise rouge	les chaises rouges
l'uomo egoista	**gli uomini egoisti**
l'ou-omo égo-ista	*lyi ou-omini égo-isti*
l'homme égoïste	les hommes égoïstes

• au singulier en **-e** peuvent être soit masculins, soit féminins. Au pluriel, ils prennent toujours un **-i** :

il cane grande *il kané gRa-ndé* le grand chien	**le case grandi** *lé kasé gRa-ndi* les grandes maisons

Certains adjectifs sont invariables, par exemple : **rosa** *Roza rose*, **blu** *blou bleu*, **dispari** *dispaRi impair*, **pari** *paRi pair* :

i quaderni blu *i kwadèRni blou* les cahiers bleus	**una somma pari** *ouna som-ma paRi* une somme paire

Une façon de former le contraire d'un adjectif consiste à mettre un **s-** devant :

comodo confortable → **scomodo** inconfortable
komodo *skomodo*
cortese courtois, poli → **scortese** discourtois, impoli
koRtézé *skoRtézé*

Sur place, vous apprendrez que, pour nuancer les adjectifs et les noms, les Italiens emploient des suffixes (à décliner selon le genre et le nombre). Par exemple :

Andrea è furbetto*.
a-ndRé-a è fouRbét-to
André est un petit malin.
* de l'adjectif **furbo** *malin*

La tua casina* è proprio bellina*.
la tou-a kazina è pRopRi-o bél-lina
Ta petite maison est vraiment mignonne.
* du nom **casa** *maison*, de l'adjectif **bello** *beau*

• La place des adjectifs

L'adjectif peut se placer avant ou après le nom. Il se place obligatoirement après le nom dans les cas ci-après :

– quand il vient d'un participe passé,
– quand c'est un adjectif "nuancé" (avec suffixe),
– quand il est suivi d'un complément.

la bici rubata
la bitchi Roubata
le vélo volé

il bracciale piccolino
il bRatch-ci-alé pik-kolino
le petit bracelet

il tavolo pieno di fiori
il tavolo pi-èno di fi-oRi
la table pleine de fleurs

Le comparatif et le superlatif

• Le comparatif

– de supériorité

più *pi-ou, plus* + adjectif qualificatif + **di** *di, que*

Mario è più alto di Maria.
maRi-o è pi-ou alto di maRi-a
Mario est plus grand que Maria.

– d'infériorité

meno *méno, moins* + adjectif qualificatif + **di** *di, que*

Paolo è meno furbo di Roberto.
pa-olo è méno fouRbo di RobèRto
Paolo est moins malin que Robert.

– d'égalité

adjectif qualificatif + **come** *komé, aussi … que*

Mario è simpatico come Paolo.
maRi-o è si-mpatiko komé pa-olo
Mario est aussi sympathique que Paolo.

Remarque :
La comparaison faite :
– entre deux adjectifs se référant à la même personne,
– entre deux verbes,
exige l'emploi de **che** *ké* à la place de **di** *di* :

Mario è più furbo che bello.
maRi-o è pi-ou fouRbo ké bèl-lo
Mario est plus malin que beau.

Paolo è meno bravo a lavorare che a studiare.
pa-olo è méno bRavo a lavoRaRé ké a stoudi-aRé
Paolo est moins doué pour travailler que pour étudier.

• Le superlatif

Il existe deux formes :

– le *superlatif relatif* **(superlativo relativo)**

il / la / i / le *il / la / i / lé, le / la / les* + **più** *pi-ou, plus* + adjectif qualificatif

Oggi è la più fredda giornata del mese.
odj-gi è la pi-ou fRéd-da djoRnata dél mézé
aujourd'hui est la plus froide journée du mois
Aujourd'hui, c'est la journée la plus froide du mois.

– le *superlatif absolu* **(superlativo assoluto)**
Il est formé :
• soit du radical de l'adjectif qualificatif + **issim -o/-a/-i/-e**. (m. sing./f. sing./m. pl./f. pl.). Il correspond au "très" français.

Cristina è una donna bellissima.
kRistina è ouna don-na bél-lis-sima
Cristina est une très belle femme.

- soit par **molto** + adjectif qualificatif.

Cristina è una donna molto bella.
kRistina è ouna don-na molto bèl-la
Cristina est une très belle femme.

Voici quelques exceptions très courantes.

	Comparatif	Superlatif relatif	Superlatif absolu
buono bon	**più buono** (plus bon) **migliore** meilleur	**il più buono** (le plus bon) **il migliore** le meilleur	**buonissimo** très bon **ottimo** très bon
grande grand	**più grande** plus grand **maggiore** (majeur) plus grand	**il più grande** le plus grand **il maggiore** (le majeur) le plus grand	**grandissimo** très grand **massimo** très grand
cattivo mauvais	**più cattivo** plus mauvais **peggiore** pire	**il più cattivo** le plus mauvais **il peggiore** le pire	**cattivissimo** très mauvais **pessimo** très mauvais
piccolo petit	**più piccolo** plus petit **minore** moindre	**il più piccolo** le plus petit **il minore** le moindre	**piccolissimo** très petit **minimo** minimum

Pour cette liste, comme pour d'autres à venir, nous estimons que vous pouvez vous priver de la "béquille" que représente la prononciation phonétique, qui commence à ne plus avoir de secret pour vous…

Francesca décrit ses parents à son amie Pauline :

Mia mamma viene da Bolzano, ma è di origine tedesca.
mi-a mam-ma vi-èné da Bolzano ma è di oRidjiné tédèska
Ma mère vient de Bolzano, mais elle est d'origine allemande.

Mio papà è napoletano. È ironico come i migliori italiani.
mi-o papà è napolétano è iRo-niko komé i milyi-oRi itali-a-ni
mon père est napolitain. est ironique comme les meilleurs Italiens
Mon père est napolitain. Il est ironique comme tout bon Italien.

Lei è più alta di lui e, come in tutte le famiglie italiane, pare che sia lei a comandare.
lè-i è pi-ou alta di lou-i é komé i-n tout-té lé familyi-é itali-ané paRé ké si-a lè-i a koma-ndaRé
elle est plus grande de lui et, comme dans toutes les familles italiennes, il semble que soit elle à commander
Elle est plus grande que lui et, comme dans toutes les familles italiennes, il semble que c'est elle qui commande.

LEI È PIÙ ALTA DI LUI.
(Elle est plus grande que lui.)

Lui lascia dire e ridacchia.
lou-i lachi-a diRé é Ridak-ki-a
Il laisse dire et il ricane.

Les adjectifs possessifs

L'adjectif possessif a les mêmes formes que celles du pronom possessif. À la différence du français, les adjectifs possessifs italiens sont presque toujours introduits par l'article. Pour apprendre leur déclinaison, regardez simplement celle des pronoms possessifs.

Il mio giardino è molto grande.
il mi-o djardino è molto gra-ndé
Mon jardin est très grand.

Attention ! Il ne faut jamais mettre l'article avec ces noms de parenté, employés au singulier :

padre	**madre**	**figlio**	**figlia**	**marito**	**moglie**
padRé	*madRé*	*filyi-o*	*filyi-a*	*maRito*	*molyi-é*
père	mère	fils	fille	mari	femme

Mio figlio è bravo a scuola.
mi-o filyi-o è bRavo a skou-ola
Mon fils est bon à l'école.

Mais au pluriel :

Le mie sorelle sono uscite senza di me.
Le mi-é sorèl-lé sono ouchité sè-nza di mé
Mes sœurs sont sorties sans moi.

Les adjectifs et les pronoms démonstratifs

Il y a deux formes distinctes pour dire *ce*, *cette*, *ces*.

• quand l'objet est proche (-ci) :

Singulier		Pluriel	
masculin	féminin	masculin	féminin
questo *kwésto* ce ...-ci	**questa** *kwésta* cette ...-ci	**questi** *kwésti* ces ...-ci	**queste** *kwésté* ces ...-ci

• quand l'objet est loin (-là) :

Singulier		Pluriel	
masculin	féminin	masculin	féminin
quello *kwél-lo* ce ...-là	**quella** *kwél-la* cette ...-là	**quei** *kwé-i* ces ...-là	**quelle** *kwél-lé* ces ...-là
		quegli *kwélyi* ces ...-là	

LE MIE SORELLE
(mes sœurs)

Les mêmes formes peuvent être employées en fonction de pronoms, sauf pour le masculin pluriel qui devient **quelli** *kwél-li* :

Questa stanza è soleggiata, quella invece fresca.
kwésta sta-ndsa è solédj-gi-ata kwél-la i-nvétché fRèska
Cette chambre (pièce) est ensoleillée, celle-là, en revanche, [est] fraîche.

Guarda quelli!
gou-aRda kwél-li
Regarde ceux-là !

Les adjectifs les plus fréquents

basso	bas (petit)	**alto**	haut (grand)
bello	beau	**brutto**	laid
buono	bon	**cattivo**	mauvais
caldo	chaud	**freddo**	froid
caro	cher	**economico**	économique
chiaro	clair	**scuro**	foncé
chiuso	fermé	**aperto**	ouvert
cortese	aimable, poli	**scortese**	impoli
corto	court	**lungo**	long
difficile	difficile	**facile**	facile
forte	fort	**debole**	faible
giovane	jeune	**vecchio**	vieux
intelligente	intelligent	**stupido**	stupide
leggero	léger	**pesante**	lourd
lento	lent	**rapido**	rapide
libero	libre	**occupato**	occupé
lontano	loin	**vicino**	proche/voisin
molle	mou	**duro**	dur
nuovo	neuf	**vecchio**	vieux
povero	pauvre	**ricco**	riche
pulito	propre	**sporco**	sale
secco	sec	**umido**	humide

asciutto	sec	**bagnato**	mouillé
simpatico	sympathique	**antipatico**	antipathique
vero	vrai	**falso**	faux

Les couleurs

i colori *i colori, les couleurs*			
bianco	blanc	**marrone**	marron
azzurro	bleu ciel	**nero**	noir
blu	bleu marine	**arancione**	orange
bruno	brun	**rosa**	rose
grigio	gris	**rosso**	rouge
giallo	jaune	**verde**	vert
lilla	lilas	**viola**	violet

LES VERBES ET LEUR CONJUGAISON

Comme en français, les verbes se répartissent en trois groupes :

-are	**parlare**	*paRlaRé*	parler
-ere	**credere**	*kRédéRé*	croire
-ire	**partire**	*paRtiRé*	partir

L'italien utilise tous les mêmes temps et modes que le français... Et bien sûr – hélas ! – , comme en français, il y a des verbes irréguliers !
Là encore, la transcription phonétique n'est plus présente. Nous nous contentons de souligner l'accent tonique là où cela nous paraît nécessaire.

Les verbes réguliers

Leur radical reste inchangé, seules les terminaisons varient. Nous vous proposons la conjugaison de trois verbes réguliers ci-après.

Infinitif		
parl-**are** *parler*	cred-**ere** *croire*	part-**ire** *partir*

Participe présent		
parl-**ante**	cred-**ente**	part-**ente**

Participe passé		
parl-**ato**	cred-**uto**	part-**ito**

Gérondif *		
parl-**ando**	cred-**endo**	part-**endo**
[en] parlant	[en] croyant	[en] partant

* Nous verrons son utilisation un peu plus loin.

Indicatif présent			
io	parl-**o**	cred-**o**	part-**o**
tu	parl-**i**	cred-**i**	part-**i**
lui/lei	parl-**a**	cred-**e**	part-**e**
noi	parl-**iamo**	cred-**iamo**	part-**iamo**
voi	parl-**ate**	cred-**ete**	part-**ite**
loro	parl-**ano**	cred-**ono**	part-**ono**

Imparfait			
io	parl-**avo**	cred-**evo**	part-**ivo**
tu	parl-**avi**	cred-**evi**	part-**ivi**
lui/lei	parl-**ava**	cred-**eva**	part-**iva**
noi	parl-**avamo**	cred-**evamo**	part-**ivamo**
voi	parl-**avate**	cred-**evate**	part-**ivate**
loro	parl-**avano**	cred-**evano**	part-**ivano**

Futur			
io	parl-**erò**	cred-**erò**	part-**irò**
tu	parl-**erai**	cred-**erai**	part-**irai**
lui/lei	parl-**erà**	cred-**erà**	part-**irà**
noi	parl-**eremo**	cred-**eremo**	part-**iremo**
voi	parl-**erete**	cred-**erete**	part-**irete**
loro	parl-**eranno**	cred-**eranno**	part-**iranno**

Subjonctif présent			
che io	parl-**i**	cred-**a**	part-**a**
che tu	parl-**i**	cred-**a**	part-**a**
che lui/lei	parl-**i**	cred-**a**	part-**a**
che noi	parl-**iamo**	cred-**iamo**	part-**iamo**
che voi	parl-**iate**	cred-**iate**	part-**iate**
che essi	parl-**ino**	cred-**ano**	part-**ano**

Subjonctif imparfait			
che io	parl-**assi**	cred-**essi**	part-**issi**
che tu	parl-**assi**	cred-**essi**	part-**issi**
che lui/lei	parl-**asse**	cred-**esse**	part-**isse**
che noi	parl-**assimo**	cred-**essimo**	part-**issimo**
che voi	parl-**aste**	cred-**este**	part-**iste**
che essi	parl-**assero**	cred-**essero**	part-**issero**

Conditionnel présent			
io	parl-**erei**	cred-**erei**	part-**irei**
tu	parl-**eresti**	cred-**eresti**	part-**iresti**
lui/lei	parl-**erebbe**	cred-**erebbe**	part-**irebbe**
noi	parl-**eremmo**	cred-**eremmo**	part-**iremmo**
voi	parl-**ereste**	cred-**ereste**	part-**ireste**
loro	parl-**erebbero**	cred-**erebbero**	part-**irebbero**

Impératif			
	parl-**a** (tu)	cred-**i** (tu)	part-**i** (tu)
	parl-**i** (lui/lei)	cred-**a** (lui/lei)	part-**a** (lui/lei)
	parl-**ate** (voi)	cred-**ete** (voi)	part-**ite** (voi)
	parl-**ino** (loro)	cred-**ano** (loro)	part-**ano** (loro)

Les verbes irréguliers

Malheureusement pour vous, ils sont nombreux !
Pour éviter les erreurs, il faudrait apprendre par cœur tous les verbes irréguliers !!! Cependant, pour vous débrouiller rapidement, voici quelques conseils.

• Sachez déjà que les verbes irréguliers italiens sont à peu près les mêmes qu'en français.

• Pour vous aider, nous vous présentons quelques verbes irréguliers. Il est impossible de les conjuguer selon tous les modes et à tous les temps ; nous avons donc choisi :
– l'indicatif présent, qui vous permet d'exprimer le temps présent et le futur (voir ***L'emploi des verbes***, en page 35),
– le participe passé, qui exprime le temps passé et vous permet de construire le passé composé.

Vous trouverez juste après les lexiques un tableau des participes passés irréguliers, et, dans les lexiques eux-mêmes, les verbes irréguliers signalés par un astérisque *.
Là, c'est à vous de jouer : vous pouvez soit essayer d'éviter l'empoi d'un verbe irrégulier, soit choisir de vous lancer ! Faites, à la limite, comme s'il s'agissait d'un verbe régulier.

Les Italiens souriront peut-être, mais vous comprendront sans aucun problème.

Voici quelques verbes :

	fare faire	**andare** aller	**potere** pouvoir
Indicatif présent			
io	**faccio**	**vado**	**posso**
tu	**fai**	**vai**	**puoi**
lui/lei	**fa**	**va**	**può**
noi	**facciamo**	**andiamo**	**possiamo**
voi	**fate**	**andate**	**potete**
loro	**fanno**	**vanno**	**possono**
Participe passé			
	fatto	**andato**	**potuto**

	volere vouloir	sapere savoir	venire venir
Indicatif présent			
io	**voglio**	**so**	**vengo**
tu	**vuoi**	**sai**	**vieni**
lui/lei	**vuole**	**sa**	**viene**
noi	**vogliamo**	**sappiamo**	**veniamo**
voi	**volete**	**sapete**	**venite**
loro	**vogliono**	**sanno**	**vengono**
Participe passé			
	voluto	**saputo**	**venuto**

Retenez aussi :

	dire dire	uscire sortir	bere boire	dare donner	stare rester/être
Indicatif présent					
io	**dico**	**esco**	**bevo**	**do**	**sto**
tu	**dici**	**esci**	**bevi**	**dai**	**stai**
lui/lei	**dice**	**esce**	**beve**	**dà**	**sta**
noi	**diciamo**	**usciamo**	**beviamo**	**diamo**	**stiamo**
voi	**dite**	**uscite**	**bevete**	**date**	**state**
loro	**dicono**	**escono**	**bevono**	**danno**	**stanno**
Participe passé					
	detto	**uscito**	**bevuto**	**dato**	**stato**

L'EMPLOI DES VERBES

L'infinitif

Notez l'utilisation de l'infinitif pour former la 2e personne du singulier de l'impératif à la forme négative :

Non prenderlo!
no-n pRé-ndéRlo
ne-pas prendre-le
Ne le prends pas !

À la différence du français, l'infinitif

• n'est presque jamais introduit par **di**, *de*, dans des expressions impersonnelles :

È impossibile entrare.
è i-mpos-sibilé é-ntRaRé
est impossible entrer
Il est impossible d'entrer.

• est introduit
– par **di** quand il dépend d'un verbe :

Penso di venire.
pé-nso di véniRé
pense de venir
Je pense venir.

– par **a** quand il suit un verbe de mouvement :

Esco a prendere il pane.
ésko a pRé-ndéRé il pané
sors à prendre le pain
Je sors chercher du pain.

Le participe présent

En italien, le participe présent s'accorde toujours en genre et en nombre.

Cerca i libri concernenti il suo soggetto.
tchéRka i libRi ko-ntchéRnè-nti il sou-o sodj-gét-to
cherche les livres concernants son sujet
Il cherche les livres concernant son sujet.

Le gérondif

Ce mode, comme nous l'avons vu, se forme lui aussi à partir de l'infinitif :

1er groupe régulier		2e groupe régulier	
Infinitif	Gérondif	Infinitif	Gérondif
cammin-are	**cammin-ando**	**tem-ere**	**tem-endo**

3e groupe régulier
Infinitif Gérondif
partire **partendo**

Voici quelques exemples illustrant ses emplois les plus fréquents :

Camminando, l'ho visto.
kam-mi-na-ndo l'o visto
marchant, l'ai vu
En marchant, je l'ai vu.

Temendo, non parla.
témè-ndo no-n paRla
craignant, ne parle pas
Par crainte, il/elle ne parle pas.

Pour traduire l'expression française "être en train de", l'italien utilise le verbe **stare** + gérondif :

Stiamo uscendo.
sti-amo ouchè-ndo
sommes sortant
Nous sommes en train de sortir.

L'indicatif

Le passé simple existe également en italien. Cependant, il est désormais très peu employé, surtout à l'oral. Comme en français, il est le plus souvent remplacé par le passé composé (cf. le chapitre ***Être et avoir***).

Le futur peut être remplacé par un verbe au présent suivi d'un adverbe de temps :

Vediamo un film domani?
védi-amo ou-n film domani
voyons un film demain
On va voir un film demain ?

Le subjonctif

L'italien l'emploie beaucoup plus que le français, notamment dans les cas suivants :

• toujours dans les phrases qui dépendent d'un verbe d'opinion :

Credo che venga.
kRédo ké vé-nga
crois que vienne
Je crois qu'il/elle vient.

• dans les interrogations indirectes :

Vuole sapere chi io sia.
vou-olé sapéRé ki i-o si-a
veut savoir qui je sois
Il/elle veut savoir qui je suis.

• après **se** *sé, si*, pour exprimer la possibilité :

Se venisse, lo vedrei.
sé vénis-sé lo védRè-i
si vînt, le verrais
S'il venait, je le verrais.

Le conditionnel

Souvenez-vous que comme en français, le conditionnel est employé pour s'exprimer dans un registre poli :

Buongiorno, vorrei vedere il maglione che c'è in vetrina.
bou-o-ndjoRno voRRè-i védéRé il malyi-oné ké tch'è i-n vétRina
Bonjour, je voudrais voir le pull-over qui est dans la vitrine.

Vada al ristorante!
vada al RistoRa-nté
Allez au restaurant !

Passi, prego!
pas-si pRégo
Entrez, je vous en prie.

Souvenez-vous que pour exprimer un ordre avec plus de douceur, vous pouvez dire :

Ti prego di portarmi i libri.
ti pRégo di poRtaRmi i libRi
te prie d'apporter-à-moi les livres
Apporte-moi les livres, s'il te plaît.

Le sarebbe possibile aprire la porta?
lé saRèb-bé pos-sibilé apRiRé la poRta
à-elle serait possible ouvrir la porte
Pourriez-vous ouvrir la porte ?

Voici enfin trois formules verbales qui vous seront très utiles :

- **Il faut**

  Bisogna arrivare puntuali.
  bizogn-a aR-RivaRé pou-ntou-ali
  faut arriver ponctuels
  Il faut arriver à l'heure.

- **Il arrive**

  Capita di sbagliarsi.
  kapita di sbalyi-aRsi
  arrive de tromper-se
  Il arrive de se tromper.

- **Il se passe**

  Che cosa succede?
  ké koza soutch-cédé
  que chose passe/arrive
  Que se passe-t-il ?

ÊTRE ET AVOIR

Les (verbes) auxiliaires "être" et "avoir" sont, comme dans la plupart des langues, très importants... et irréguliers. Il n'y a rien à faire, il faut les apprendre par cœur !

	Essere	**Avere**
Participe présent		
	essente	**avente**
Participe passé		
	stato	**avuto**
Gérondif		
	essendo	**avendo**

Indicatif présent		
io	**sono**	**ho**
tu	**sei**	**hai**
lui/lei	**è**	**ha**
noi	**siamo**	**abbiamo**
voi	**siete**	**avete**
essi	**sono**	**hanno**

Indicatif imparfait		
io	**ero**	**avevo**
tu	**eri**	**avevi**
lui/lei	**era**	**aveva**
noi	**eravamo**	**avevamo**
voi	**eravate**	**avevate**
essi	**erano**	**avevano**

Indicatif futur		
io	**sarò**	**avrò**
tu	**sarai**	**avrai**
lui/lei	**sarà**	**avrà**
noi	**saremo**	**avremo**
voi	**sarete**	**avrete**
essi	**saranno**	**avranno**

Subjonctif présent		
che io	**sia**	**abbia**
che tu	**sia**	**abbia**
che lui/lei	**sia**	**abbia**
che noi	**siamo**	**abbiamo**
che voi	**siate**	**abbiate**
che essi	**siano**	**abbiano**

Subjonctif imparfait		
che io	**fossi**	**avessi**
che tu	**fossi**	**avessi**
che lui/lei	**fosse**	**avesse**
che noi	**fossimo**	**avessimo**
che voi	**foste**	**aveste**
che essi	**fossero**	**avessero**

Conditionnel présent		
io	**sarei**	**avrei**
tu	**saresti**	**avresti**
lui/lei	**sarebbe**	**avrebbe**
noi	**saremmo**	**avremmo**
voi	**sareste**	**avreste**
essi	**sarebbero**	**avrebbero**

Impératif		
(tu)	**sii**	**abbi**
(lui/lei)	**sia**	**abbia**
(voi)	**siate**	**abbiate**
(essi)	**siano**	**abbiano**

Les verbes **essere** et **avere** sont employés pour former les temps composés, et notamment le passé composé. Celui-ci vous sera très utile, car il est beaucoup plus facile à utiliser que le passé simple, auquel nous ne faisons plus beaucoup appel non plus en français.

Pour former le passé composé, il suffit de connaître la conjugaison au présent des verbes **essere** et **avere** et d'ajouter le participe passé.

Lorsque le verbe a un complément direct, il faut toujours employer **avere** :

Ho comprato una torta.
o ko-mpRato ouna toRta
J'ai acheté un gâteau.

Dans tous les autres cas, vous pouvez vous fier à vos habitudes françaises. Mais attention, il y a des exceptions, comme, par exemple :

È costato caro.
è kostato kaRo
est coûté cher
Il a coûté cher.

Mi è piaciuto tanto.
mi è pi-atchouto ta-nto
m'est plu tellement
Il m'a beaucoup plu.

È sembrato difficile.
è sé-mbRato dif-fitcilé
est semblé difficile
Il a paru difficile.

Comme en français, lorsque c'est le verbe **essere** qui est utilisé, le participe s'accorde en genre et en nombre avec le sujet selon les terminaisons :

Masculin	singulier **-o**	pluriel **-i**
Féminin	singulier **-a**	pluriel **-e**

LA NÉGATION

Une phrase négative se forme avec **non**, *ne ... pas*, toujours placé devant le verbe.

Quelques mots utiles :

niente / nulla	*ni-è-nté / noul-la*	rien
nessuno	*nés-souno*	personne
mai	*ma-i*	jamais

M. François donne sa carte de crédit au patron du restaurant :

P. : **Non accetto carte di credito.**
no-n atch-cèt-to kaRté di kRédito
ne-pas accepte cartes de crédit
Je n'accepte pas les cartes de crédit.

F. : **Ma io non ho soldi…**
ma i-o no-n o soldi
Mais je n'ai pas d'argent…

P. : **Non si preoccupi. Nessuno può sempre prevedere tutto. Là fuori c'è un bancomat.**
no-n si pRéok-koupi nés-souno pou-ò sé-mpRé pRévédéRé tout-to la fou-oRi tch'è ou-n ba-nkomat
ne-pas se préoccupe - personne peut toujours prévoir - là dehors, y-est un distributeur-automatique
Ne vous inquiétez pas. Personne ne peut tout prévoir. Dehors, il y a un distributeur automatique.

NON HO SOLDI.
(Je n'ai pas d'argent.)

LES PRÉPOSITIONS

La fonction des prépositions est la même en italien qu'en français. Les prépositions principales sont :

di	*di*	de
a	*a*	à
da	*da*	de/par
in	*i-n*	dans/en
con	*ko-n*	avec/par
su	*sou*	sur
per	*pèR*	pour/par
tra / fra	*tRa fRa*	entre / parmi / dans

Elles peuvent se joindre aux articles pour former un seul et même mot. Quelques exemples :

dello	*dél-lo*	du
al / alla	*al / al-la*	au / à la
dagli / dalle	*daly-i / dal-lé*	des (m./f.)
nei / nelle	*né-i / nèl-lé*	dans les (m./f.)
sui / sugli / sulle	*sou-i / soulyi / soul-lé*	sur les (m./f.)

Dal mare gli spruzzi delle onde si alzavano nel cielo.
dal maRé lyi spRoudz-zi dél-lé o-ndé si aldzavano nél tchèlo
De la mer, les embruns marins s'élevaient dans le ciel.

Remarques :

• Le "par" français correspond :
– au **da**, comme dans le cas suivant :

La lettera è stata scritta da Maria.
la lèt-téRa è stata skRit-ta da maRi-a
la lettre est été(e) écrite de Marie
La lettre a été écrite par Maria.

– au **per**, comme dans les cas suivants :

Passerò per Firenze.
pas-séRò pèR fiRè-ndzé
passerai pour Florence
Je passerai par Florence.

L'ha fatto per amore.
l'a fat-to pèR amoRé
l'a fait pour amour
Il/Elle l'a fait par amour.

– au **con**, comme dans les cas suivants :

È arrivato con l'aereo.
è aR-Rivato ko-n l'a-éRé-o
est arrivé avec l'avion
Il est arrivé par avion.

È uscito con questo tempaccio.
è ouchito ko-n kwésto té-mpatch-ci-o
est sorti avec ce mauvais-temps
Il est sorti par ce mauvais temps.

• Le "dans" temporel correspond à **tra** (= **fra**) :

Tra (fra) due giorni sono da te.
tRa dou-é djoRni sono da tè
Dans deux jours je suis chez toi.

• Pour exprimer le sens de "chez", vous pouvez employer **da** ou **a casa di** :

Ti aspetto da me.
ti aspèt-to da mé
Je t'attends chez moi.

Sono ospite a casa di Paolo.
so-no ospité a kaza di pa-olo
suis hôte à maison de Paolo
Je suis invité chez Paolo.

Voici maintenant une liste de prépositions qui vous seront des plus utiles :

vicino a	à côté de, près de	**lontano da**	loin de
attraverso	à travers	**in mezzo a**	au milieu de
prima di	avant, avant de	**dopo**	après
dentro	dedans, à l'intérieur	**fuori**	dehors
dietro	derrière	**davanti a**	devant
fino a	jusqu'à	**durante**	pendant
presso	près, près de, auprès de	**verso**	vers
senza	sans	**con**	avec
salvo	sauf	**sopra / sotto**	sur (au-dessus) / sous (au-dessous)

Pour passer pour un "natif" du pays, commencez à retenir ces expressions :

Maria è una ragazza in gamba.
maRi̲-a è̲ ou̲na Raga̲dz-za i-n ga̲-mba
Maria est une fille en jambe
Maria est une fille bien.

È rimasto con le mani in mano tutto il giorno.
è̲ Rima̲sto ko-n lé ma̲ni i-n ma̲no tou̲t-to il djo̲Rno
est resté avec les mains en main tout le jour
Il s'est tourné les pouces toute la journée.

LE TEMPS QUI PASSE

ora	à présent	**dopo**	après
oggi	aujourd'hui	**domani**	demain
ieri	hier	**l'anno**	l'année
l'altro ieri	avant-hier	**dopodomani**	après-demain
il giorno	le jour	**la notte**	la nuit
la sera	le soir	**adesso**	maintenant

la settimana	la semaine	**il mese**	le mois
la mattina	le matin	**il pomeriggio**	l'après-midi
il mezzogiorno	le midi	**la mezzanotte**	minuit
non ancora	pas encore	**più tardi**	plus tard
presto	tôt	**tardi**	tard
mai	jamais	**sempre**	toujours

Quelques expressions utiles :

- scorso (scorsa), *passé (passée)*

la settimana scorsa
la sét-timana skoRsa
la semaine passée

l'anno scorso
l'a-n-no skoRso
l'année dernière

- fa, *il y a*

Ho visto Giulia un anno fa.
o visto djouli-a ou-n an-no fa
ai vu Giulia un année fait
J'ai vu Giulia il y a un an.

Molto tempo fa, ho letto questo libro.
molto tè-mpo fa o lèt-to kwésto libRo
beaucoup temps fait, ai lu ce livre
J'ai lu ce livre il y a longtemps.

Les jours de la semaine

I giorni della settimana	*i djoRni dél-la sét-timana*	Les jours de la semaine
il lunedì	*il lounédì*	le lundi
il martedì	*il maRtédì*	le mardi
il mercoledì	*il méRkolédì*	le mercredi
il giovedì	*il djovédì*	le jeudi
il venerdì	*il vénéRdi*	le vendredi
il sabato	*il sabato*	le samedi
la domenica	*la doménika*	le dimanche

In Italia il 6 gennaio è un giorno festivo, ma il 14 luglio è un giorno feriale.
i-n itali-a il sè-i gén-na-i-o è ou-n djoRno féstivo ma il kwat-toRditchi loulyi-o è ou-n djoRno féRi-alé
En Italie, le 6 janvier est un jour férié, mais le 14 juillet est un jour ouvrable.

Les mois

i mesi *i mézi*

gennaio *djé-n-na-i-o*	**maggio** *madj-gi-o*	**settembre** *sét-té-mbRé*
febbraio *féb-bRa-i-o*	**giugno** *djougn-o*	**ottobre** *ot-tobRé*
marzo *maRdzo*	**luglio** *loulyi-o*	**novembre** *novémbRé*
aprile *apRilé*	**agosto** *agosto*	**dicembre** *ditchè-mbRé*

Les quatre saisons

Le 4 stagioni	*lé kwat-tRo stadjoni*	Les 4 saisons
la primavera	*la pRi-mavéRa*	le printemps
l'estate	*l'éstaté*	l'été
l'autunno	*l'a-outou-n-no*	l'automne
l'inverno	*l'i-nvèRno*	l'hiver

le vacanze
lé vaka-ndzé
les vacances

le ferie
lé féRi-é
les congés

Les heures

Officiellement, on compte *les heures*, **le ore** *lé oRé*, jusqu'à 24 h 00 (à la radio par exemple). Cependant les gens comptent généralement par tranches de 12 heures.

Pour demander l'heure, vous pouvez employer indifféremment le pluriel ou le singulier :

Che ore sono?
ké oRé sono
que heures sont
Quelle heure est-il ?

Che ora è?
ké oRa è
que heure est
Quelle heure est-il ?

Pour donner l'heure, on utilise toujours le pluriel et on sous-entend le substantif "heures" :

Sono le cinque.
sono lé tchi-nkwé
sont les cinq
Il est cinq heures.

sauf pour 12 heures 30, minuit 30, 13 heures et 1 heure du matin, où l'on dit :

È la mezza.
è la médz-za
est la demie
Il est midi et demi / il est minuit et demi.

È l'una.
è l'ouna
est l'une
Il est une heure.

Remarques :

- **Il secondo** *il séko-ndo* et **il minuto** *il minouto*, *la seconde* et *la minute*, sont de genre masculin,
- On dit **mezzo** *mèdz-zo* pour *demi* et **quarto** *kwaRto* pour *quart*.

Paul et Céline, fatigués par une journée passée à visiter Rome, sont allongés sur leur lit. Gianni vient les chercher pour aller à un rendez-vous avec des amis au centre-ville...

Gianni : **Ehi, vi ricordate l'appuntamento?**
éi vi RicoRdaté l'appou-ntamè-nto
Eh, vous vous souvenez du rendez-vous ?

Céline : **Certo, ma che ore sono?**
tchèRto ma ké oRé sono
bien-sûr, mais que heures sont
Bien sûr, mais quelle heure est-il ?

Gianni : **Sono già le sette e mezzo.**
sono djà lé sèt-tè è médz-zo
sont déjà les sept et demi
Il est déjà sept heures et demie.

Céline : **Quanto tempo ci vuole per andare in centro?**
kwa-nto tè-mpo tchi vou-olé pèR a-ndaRé i-n tchè-ntRo
combien temps y faut pour aller en centre
Combien de temps faut-il pour aller au centre-ville ?

Gianni : **Venti minuti!**
vè-nti minouti
Vingt minutes !

Paul : **Pochi minuti e siamo pronti.**
poki minouti é si-amo pRo-nti
peu minutes et sommes prêts
Quelques minutes et nous sommes prêts.

Gianni : **Sì, sì... e dire che avevo fatto tutto per essere puntuale!**
si si é diRé ké avévo fat-to tout-to pèR ès-séRé pou-ntou-alé
oui oui... et dire que avais fait tout pour être ponctuel
Oui, oui... et dire que j'avais tout fait pour être à l'heure !

Céline : **... ma gli italiani non sono sempre in ritardo?!**
... ma ly-i itali-ani no-n so-no sè-mpRé i-n RitaRdo
... mais les Italiens ne sont-ils pas toujours en retard ?!

CHE ORE SONO?
(Quelle heure est-il ?)

LES NOMBRES

Les cardinaux

Vous les apprendrez en consultant la pagination de cet ouvrage.

• Pour compter à partir de vingt, ajoutez aux dizaines les cardinaux de 1 à 9 ; faites tomber l'accent sur l'avant-dernière syllabe, sauf pour les numéros se terminant par **tre** (dernière syllabe) ; écrivez les numéros en un seul et même mot :

ottantacinque : 85 **ventitré** : 23

• Arrivés à **cento** *tchè-nto* 100, ajoutez les cardinaux de 1 à 9 devant **cento**.

101	**centuno**
153	**centocinquantatre**
900	**novecento**

• Arrivés à **mille** *mil-lé* 1 000, continuez sans crainte jusqu'à **duemila** *douémila* 2 000, et à partir de là :

10 000	**diecimila**
1 000 000	**un milione**
6 293 827	**sei milioni duecentonovantatrémila ottocentoventisette** *sè-i milioni dou-étchè-ntonova-ntatRémila ot-totchè-ntové-ntisèt-tè*

1/2	**un mezzo**	2/3	**due terzi**
1/3	**un terzo**	1/4	**un quarto**

Une précision : les cardinaux sont invariables sauf **uno** (féminin **una**), **mille** (pluriel **mila**) et **milione** (pluriel **milioni**).

Retenez ces expressions :

Non ne imbrocco una.
no-n né i-mbRok-ko ouna
non en devine une
Je suis toujours à côté de la plaque.

Ci penso tre volte.
tchi pé-nso tRé volté
y pense trois fois
J'y réfléchis à deux fois.

Les ordinaux

Ils s'accordent toujours en genre et nombre avec le nom. Les terminaisons sont les classiques : -**o**, -**a** pour le singulier et -**i**, -**e** pour le pluriel.

D'abord les premiers, les plus difficiles. Nous vous donnons la forme au masculin singulier. Pour ce qui est du féminin et du pluriel, vous devrez désormais être capables de les former.

$1^{er/re}$	**primo** *pRimo*	6^{e}	**sesto** *sèsto*
2^{e}	**secondo** *séko-ndo*	7^{e}	**settimo** *sèt-timo*
3^{e}	**terzo** *tèRdzo*	8^{e}	**ottavo** *ot-tavo*
4^{e}	**quarto** *kwaRto*	9^{e}	**nono** *nono*
5^{e}	**quinto** *kwi-nto*	10^{e}	**decimo** *détchimo*

Les autres sont simples : prenez le cardinal sans la voyelle finale et ajoutez le suffixe -**èsimo**. Le suffixe est toujours à accorder en genre et nombre : -**èsimo**, -**èsima**, -**èsimi**, -**èsime**.

Par exemple :

11^{e}	**undicesimo**
12^{e}	**dodicesima**
80^{es}	**ottantesimi**
100^{es}	**centesime**

N'oubliez pas : **ultimo**, **ultima**, **ultimi**, **ultime** *dernier, dernière, derniers, dernières*.

L'ultima corsa dell'autobus è a mezzanotte
l'oultima koRsa dél-l'a-outobuss è a médz-zanot-tè
la dernière course de-l'autobus est à minuit
Le dernier autobus est à minuit.

POIDS ET MESURES

un litro	*ou-n litRo*	1 l
un mezzo litro	*ou-n médz-zo litRo*	1/2 l
un chilo	*ou-n kilo*	1 kg
un etto	*ou-n èt-to*	100 g
un grammo	*ou-n gRam-mo*	1 g
un chilometro	*ou-n kilométRo*	1 km
un metro	*ou-n métRo*	1 m
un centimetro	*ou-n tché-ntimétRo*	1 cm

Sachez que les tailles des vêtements et les pointures des chaussures sont différentes.
La pointure, **il numero** *nouméRo*, des chaussures américaines est différente de celles pratiquées en Europe :
pour les femmes : il faut ajouter 30 à la pointure américaine : USA 7 = EUR 37 ;
pour les hommes : il faut retenir : USA 7 = EUR 40, USA 8 = EUR 41, et continuer de cette façon jusqu'à trouver votre pointure.
Pour *la taille*, **la taglia** *la talyia*, des vêtements, il faut compter une taille de plus par rapport aux tailles françaises : FR 42 = I 44, et compter dix tailles de plus par rapport aux tailles américaines pour hommes : USA 40 = I 50 ; pour femme USA 6 = I 38, USA 7 = I 40, USA 8 = I 42, et ainsi de suite.

Vous serez surpris par la rapidité et la facilité avec lesquelles les Italiens engagent une conversation. On dit que les gens du sud sont plus ouverts que les gens du Nord, mais vous aurez tout loisir d'en juger par vous-même sur place. Quoi qu'il en soit, il est certain que vous constaterez que tout le monde se parle : le garçon de bar et son client, les voyageurs entre eux sur un quai, tout comme ceux qui partagent le même compartiment, et quiconque se trouve dans une file d'attente. À ce propos, autant que vous soyez prévenu : les files d'attentes en Italie n'ont pas grand-chose à voir avec celles que vous connaissez chez vous. Si vous n'avez pas reçu cet avertissement, vous risquez de vous énerver pour rien, surtout dans les petites boutiques – comme par exemple chez un boulanger aux heures de pointe : la foule se presse dans le plus grand désordre ; c'est évidemment un spectacle incompréhensible pour vous, mais n'y attachez pas trop d'importance. Vous constaterez en revanche que tout le monde entre en contact. Engagez donc, vous aussi, une conversation ! En Italie, discuter avec des personnes inconnues fait partie de la vie commune : personne ne sera choqué que vous preniez l'initiative d'engager une conversation, tout comme nul n'y pensera à deux fois avant de vous adresser la parole.
Vous aurez sans doute parfois de la peine à comprendre, même si vous avez étudié en détail toute la grammaire, car l'italien, tout comme le français, n'est pas exactement le même partout.

Pour mieux comprendre ce phénomène, faisons une petite incursion dans l'histoire de cette langue. L'italien n'a été, pendant une très longue période, qu'une langue de culture. Né à partir du dialecte de Florence – patrie de très grands écrivains, tels que Dante, Boccaccio, Petrarca – l'italien était connu par un nombre très réduit de lettrés. Dans une Italie qui n'a été unifiée qu'en 1861, les dialectes ont longtemps été la véritable langue de communication. L'unification du pays a entraîné, avec beaucoup de difficultés et souvent des échecs, la diffusion de la connaissance de l'italien à tous les niveaux de la population.
Aujourd'hui, du fait de l'école obligatoire, mais surtout par le biais des médias, la langue italienne est parlée par la majorité de la population. Cependant l'italien parlé reste une langue traversée par le souvenir des anciens dialectes ; c'est pourquoi nombreux sont les mots et expressions qui restent difficiles à comprendre pour qui n'est pas originaire de la région du locuteur. Que cela ne vous inquiète pas ! Les Italiens eux-mêmes s'amusent à repérer dans la langue de leurs interlocuteurs des mots et des expressions typiques qui demandent souvent une explication. Il ne vous reste alors qu'à demander :

Non ho capito, mi spiega cosa significa?
no-n o kapito mi spi-èga koza sign-ifika
ne-pas ai compris, m'explique chose signifie
Je n'ai pas compris, vous pouvez m'expliquer ce que ça veut dire ?

QUELQUES MOTS QUI DÉPANNENT

Avant d'aborder la rubrique Conversation proprement dite, nous vous donnons une petite liste de mots et expressions qui vous seront des plus utiles pour vous débrouiller en toute occasion.

Vous venez d'arriver et vous désirez seulement manger ou savoir où se trouve le terrain de camping le plus proche. Voici quelques phrases qui peuvent vous aider.

Retenez l'expression suivante et prononcez-la avec une intonation interrogative :

C'è...?
tch'è
y-est
Y a-t-il... ?

À cette expression, vous pouvez "greffer" des verbes à l'infinitif et des substantifs. Même si vous ne faites pas des phrases impeccables, tout le monde comprendra ce que vous cherchez.

Si vous employez des verbes, mettez toujours la préposition **da**, *à*, devant le verbe :

C'è da bere?
tch'è da béRé
Y a-t-il à boire ?

C'è da dormire?
tch'è da doRmiRé
y-est à dormir
Y a-t-il un endroit où dormir ?

Pour ce qui est des substantifs, retenez :

C'è un albergo?
tch'è ou-n albèRgo
Y a-t-il un hôtel ?

C'è un ristorante?
tch'è ou-n RistoRa-nté
Y a-t-il un restaurant ?

C'è dell'acqua?
tch'è dél-l'akkwa
Y a-t-il de l'eau ?

C'è della birra?
tch'è dèl-la biR-Ra
Y a-t-il de la bière ?

C'È DA BERE?
(Y a-t-il à boire ?)

On vous répondra soit…

Sì, ce n'è. / No (non ce n'è).
Oui (il y en a). / Non (il n'y en a pas).

… soit quelque chose que vous ne comprenez pas encore. Ne vous inquiétez pas. Essayez cette autre formule : **vorrei** *voR-Rè-i*, *je voudrais*, et ajoutez tout infinitif ou substantif de circonstance.

Si vous vous êtes perdu, souvenez-vous de l'expression :

Dov'è?*
dov'è
Où est ?

* C'est un "raccourci" de la formule **dove è ?**, *où est ?*, la prononciation étant simplifiée par l'apostrophe.

… et ajoutez le nom de ce que vous cherchez :

Dov'è via Garibaldi?
dov'è vi-a gaRibaldi
Où est la rue Garibaldi ?

Dov'è l'autostrada?
dov'è l'a-outostRada
Où est l'autoroute ?

Pour essayer de comprendre ce qu'on vous répond, retenez les expressions suivantes :

a destra
a dèstRa
à droite

a sinistra
a sinistRa
à gauche

sempre dritto
sè-mpRe dRit-to
toujours tout droit

in fondo
i-n fo-ndo
au bout

all'incrocio
al-l'i-nkRotcho
au carrefour

dopo il semaforo
dopo il sémafoRo
après les feux

Après avoir voyagé toute la nuit, Monsieur Claude vient juste d'arriver dans la périphérie de Milan. Il est très fatigué et s'arrête dans un bar. Le patron le voit entrer…

Le patron : **Bongiorno signore, desidera?**
bou-o-ndjoRno sign-oRé déziléRa
bonjour monsieur, désire
Bonjour monsieur, vous désirez ?

M. Claude : **C'è da bere?**
tch'è da béRé
Y a-t-il à boire ?

Le patron : **Sì, certo. Cosa vuole bere?**
si tchèRto koza vou-olé béRé
oui, sûr - chose veut boire
Oui, bien sûr. Qu'est-ce que vous voulez boire ?

M. Claude : **Vorrei un succo di frutta.**
voR-Rè-i ou-n souk-ko di fRout-ta
Je voudrais un jus de fruits.

Le patron : **Eccolo!**
èk-kolo
voici-le
Le voici !

M. Claude : **Dov'è il centro?**
dov'è il tchè-ntRo
où-est le centre
Où est le centre-ville ?

Le patron : **Prenda la prima strada a destra dopo il semaforo. Poi sempre dritto.**
pRè-nda la pRima stRada a dèstRa dopo il sémafoRo po-i sè-mpRe dRit-to
prenne la première route à droite après le feu-tricolore - puis toujours droit
Prenez la première rue à droite après le feu. Après, toujours tout droit.

M. Claude : **Grazie!**
gRadsi-é
Merci !

LES SALUTATIONS

La langue française a emprunté à l'italien la manière la plus joyeuse de se saluer : **Ciao!** *tcha-o, Ciao !*
Ce mot vient d'une vieille expression du dialecte de Venise qui voulait dire "votre esclave", "**sciao**". Elle était donc utilisée pour exprimer toute la disponibilité et la soumission du locuteur par rapport à son interlocuteur. Aujourd'hui **ciao** est

utilisé quand les protagonistes se connaissent bien et se tutoient, ou entre jeunes du même âge, chez qui le tutoiement se fait immédiatement et automatiquement. Il est employé à toute heure et aussi bien en arrivant qu'en partant. Si un Italien s'approche de vous en disant **Ciao**, ne vous étonnez pas : il n'est pas en train de partir, mais a bel et bien l'intention d'entamer une conversation amicale avec vous.
Par ailleurs, vous savez que les hommes italiens sont… des hommes italiens ! Rien d'étonnant, donc, si vous êtes de sexe féminin, qu'après le sempiternel **Ciao**, ils puissent ajouter **bella** *bèl-la, belle*. Ne prenez pas forcément cette expression pour une avance. Elle s'utilise simplement pour exprimer un élan d'affection.

Quand vous vouvoyez votre interlocuteur, les formules de salutation les plus courantes sont :

Buongiorno!	**Buona sera!**	**Arrivederci!**
bou-o-ndjoRno	*bou-ona sèRa*	*aR-RivédèRtchi*
Bonjour !	Bonsoir !	à-revoir-nous
		Au revoir !

Pour la nuit, on dit comme en français **buona notte** *bou-ona not-té, bonne nuit*.

Les Italiens emploient souvent, entre amis, des raccourcis :
– **notte** *not-té, nuit,* pour **buona notte** ;
– **Ohi!** *o-i!* pour **Ciao**, quand on rencontre un ami et qu'on veut exprimer sa surprise et sa joie de le revoir.

Si l'habitude de "faire la bise" est en train de s'installer en Italie, vous trouverez malgré tout beaucoup de monde qui ne la fait pas. Ne le prenez surtout pas pour une marque de distance ! Sachez en revanche qu'au moment où l'on vous présente une personne nouvelle, la coutume est de se serrer la main dans toutes les situations.

Comme en français, lorsqu'on se rencontre, on demande toujours :

Come va?
komé va
Comment ça va ?

Come stai?
komé sta-i
Comment vas-tu ?

Come sta?
komé sta
Comment allez-vous ?

Vous pouvez répondre :

Tutto bene, grazie.
tout-to béné gRadsi-é
tout bien, merci
Ça va, merci.

Non male, grazie. E tu?
no-n malé gRadsi-é é tou
Pas mal, merci. Et toi ?

Bene, grazie. E Lei?
béné gRadsi-é é lè-i
bien, merci - et Elle
Bien, merci. Et vous ?

La bonne éducation implique que l'on réponde le plus fréquemment que tout va bien. Cependant... :

Sto male, sono malato.
sto malé sono malato
suis mal, suis malade
Je ne me sens pas bien, je suis malade.

È un periodaccio.
è ou-n péRiodatch-ci-o
C'est une très mauvaise période.

Après une dure journée de travail, deux amis se rencontrent :

Gianni : **Ciao, bella!**
tcha-o bèl-la
Salut !

Maria : **Ohi! ... che sorpresa!**
o-i ... ké soRpRéza
Salut ! Quelle surprise !

Gianni : **Come stai?**
komé sta-i
Comment vas-tu ?

Maria : **Sono un po' stanca. E tu?**
sono ou-n po sta-nka é tou?
Je suis un peu fatiguée. Et toi ?

Gianni : **Sono distrutto!**
sono distRout-to
Je suis crevé !

Maria : **Allora, buon riposo!**
al-loRa bou-o-n Ripozo
alors, bon repos
Alors repose-toi bien !

Gianni : **Ciao. Alla prossima!**
tcha-o al-la pRos-si-ma
Ciao. À la prochaine !

NOMS ET TITRES

Les noms propres

En italien, le *nom de famille* se dit **cognome** *kogn-omé*, et le *prénom*, **nome** *nomé*. En outre, presque tout le monde porte un *surnom*, **soprannome** *sopRan-nomé*. Vous trouverez en fin d'ouvrage (juste avant la bibliographie) une petite liste de surnoms usuels.

En règle générale, les prénoms masculins se terminent en -**o**, et les féminins en -**a**.

Une amie de M. Enrico Rossi l'appelle à son cabinet :

Mme Bianchi : **Buongiorno, sono Raffaella Bianchi. Vorrei parlare con il signor Enrico Rossi.**
bou-o-ndjoRno sono Raf-fa-èl-la bi-a-nki voR-Rè-i paRlaRe ko-n il sign-oR é-nRiko Rossi
bonjour, suis Raphaëlle Bianchi - voudrais parler avec le monsieur Enrico Rossi
Bonjour, je suis Raffaella Bianchi. Je voudrais parler à monsieur Enrico Rossi.

La secrétaire : **Subito.**
soubito
Tout de suite.

(La secrétaire passe la communication à monsieur Enrico.)

Mme Bianchi: **Ciao Chicco[1], sono Lella[2].**
tcha-o kik-ko sono lèl-la
salut Chicco, suis Lella
Salut Chicco, c'est Lella.

[1] surnom fréquent de Enrico
[2] surnom fréquent de Raffaella

L'emploi de **signore**, **signora**, **signorina** est le même qu'en français. Ainsi on utilise **signore** *sign-oRé* pour un *homme marié*, **sposato** *spozato*, aussi bien que pour un *célibataire*, **celibe** *tchélibe*, **signora** pour une *femme mariée*, **sposata** *spozata*, et **signorina** pour une *femme célibataire*, **nubile** *noubilé*. Une femme mariée prend officiellement le nom du mari, mais elle peut aussi continuer à se faire appeler par son nom de jeune fille.

Les titres honorifiques

On a tendance à penser que l'Italie n'est peuplée que de "maîtres", "professeurs", "docteurs", "avocats", etc. Pourquoi cette surabondance de titres ? En fait, vous constaterez vite que ceux-ci peuvent être utilisés soit à des fins de courtoisie et de respect vis-à-vis de votre interlocuteur, soit pour le flatter… mais tout aussi bien, souvent, pour se moquer de lui.
Sachez néanmoins que le diplôme de maîtrise fait de vous un **dottore**, *docteur*, et que du fait que la maîtrise marque, pour la majorité des gens, la fin des études universitaires, le titre de docteur est une appellation à laquelle on renonce difficilement. D'un autre côté, c'est aussi le titre le plus galvaudé dans des expressions ironiques.

Voici quelques exemples :

- dans le cabinet d'un avocat :
  Buongiorno avvocato.
  bou-o-ndjoRno av-vokato
  bonjour avocat
  Bonjour, Maître.

- vis-à-vis d'un homme politique :
  Buongiorno onorevole.
  bou-o-ndjoRno o-noRévolé
  bonjour honorable
  Bonjour, monsieur le député.

- dans une conversation entre amis :
  Ma cosa dici, dottore?
  ma koza ditchi dot-toRé
  mais chose dis, docteur
  Mais qu'est-ce que tu racontes (toi, le docteur) ?

DEMANDER, REMERCIER ET S'EXCUSER

Pour respecter les règles d'un langage courtois, faites suivre toutes vos questions de l'expression **per favore** pèR *favoRé, s'il vous plaît*, ou commencez vos phrases par **posso** pos-so..., *puis-je...*, **puoi** pou-o-i..., *peux-tu...*, **può** pou-o, *pouvez-vous...*
Pour remercier, vous avez le choix entre **grazie** gRadsi-é, *merci*, **tante grazie** ta-nté gRadzi-é, *merci beaucoup*, ou encore **grazie mille** gRadsi-é mil-lé, *merci mille fois*. En réponse à un remerciement, il est bienséant de répondre **prego** pRégo, *je t'/vous en prie*, **di niente** di niè-nté, *de rien*.

Vous êtes en train d'acheter vos billets et vous n'avez pas compris ce que la femme du guichet vous dit :

Non ho capito, può ripetere?
no-n o kapito pou-o RipétéRé
ne-pas ai compris, peut répéter
Je n'ai pas compris, pouvez-vous répéter ?

Come vuole pagare, in contanti o con carta di credito?
komé vou-olé pagaRé i-n ko-nta-nti o ko-n kaRta di kRédito
comment veut payer, en espèces ou avec carte de crédit
Comment voulez-vous régler, en espèces ou par carte de crédit ?

Pago in contanti.
pago i-n ko-nta-nti
paye en espèces
Je paye en espèces.

Dodici euro, per favore.
doditchi è-ouRo pèR favoRé
Douze euros, s'il vous plaît.

N'oubliez pas **scusa** ou **scusi** pour dire soit *excuse-moi / excusez-moi*, soit *pardon*.

Scusa! ti ho fatto male?
skouza ti o fat-to malé
excuse ! te ai fait mal
Pardon ! je t'ai fait mal ?

Scusi, dov'è via Margutta?
skouzi dov'è vi-a maRgout-ta
excusez, où-est rue Margutta
Excusez-moi, où se trouve la rue Margutta ?

SOUHAITS ET INSULTES

Les Italiens étant très expansifs, ils sont enclins à exprimer leurs sentiments aussi bien par des souhaits que par des expressions très populaires, voire des gros mots. Voyons d'abord les vœux et souhaits divers.

• Lorsqu'ils boivent ensemble, ils lèvent leur verre en disant :

Salute!
salouté
Santé !

Cin-Cin!
tchi-n tchi-n
Tchin tchin !

Alla tua!
al-la tou-a
À la tienne !

• Lorsque quelqu'un éternue, on lui dit – pour conjurer le mauvais sort :

Salute!
salouté
santé
À tes/vos souhaits !

• Si quelqu'un doit passer un examen ou subir une quelconque épreuve, on lui dira :

In bocca al lupo!
i-n bok-ka al loupo
dans bouche au loup
Bonne chance !

Ce à quoi on répond :

Crepi!
kRèpi
Qu'il crève !

(C'est au loup que cela s'adresse : il doit mourir pour ne pas manger le candidat à qui l'on souhaite bonne chance !)

Buona fortuna! *bou-ona foRtouna*, *bonne chance*, est une expression utilisée en toute occasion, sauf pour un examen, car on dit qu'elle porte malheur.

- À quelqu'un de désespéré, on dira :

Fatti coraggio!
fat-ti koRadj-gi-o
fais-toi courage
Bon courage !

- Enfin, n'oubliez pas les souhaits classiques :

Buon compleanno!
bou-o-n kompléa-n-no
Bon anniversaire !

Buon onomastico!
bou-o-n onomastiko
Bonne fête !

Buon anno!
bou-o-n a-n-no
Bonne année !

Buon Natale!
bou-o-n natalé
Joyeux Noël !

Buona Pasqua!
bou-ona paskwa
bonne Pâque
Joyeuses Pâques !

Auguri! / Tanti auguri!
a-ougouRi / ta-nti a-ougouRi
vœux / beaucoup vœux
Tous mes vœux !

I miei migliori auguri!
i miè-i milyi-oRi a-ougouRi
les mes meilleurs vœux
Mes meilleurs vœux !

Passons maintenant aux *gros mots,* **le parolacce** *lé paRolatchcé.* Nous ne vous les indiquons que pour que vous les compreniez… mais vous en déconseillons l'utilisation, car il vous sera difficile de juger de leur registre de vulgarité.

Sachez que les Italiens utilisent et inventent – au besoin – beaucoup de gros mots. L'énervement qui entraîne l'emploi d'un gros mot trouve souvent une expression plus adéquate en dialecte qu'en italien. Il en résulte que pour un gros mot italien, il existe une quantité de variantes régionales.
Prenez le mot **cazzo** 💣 *kadz-zo,* qui est du même registre que "merde", mais désigne en fait le membre masculin ; il est malheureusement de plus en plus employé, même – et surtout – comme interjection. À Gênes, il devient **belin** *béli-n,* et **minchia** *mi-nki-a* en Sicile.
À partir de ces mots, sont nées de nombreuses insultes que vous n'aurez aucune peine à comprendre, ainsi que des mots qui, sans avoir toujours une réelle valeur d'insulte, relèvent de toute façon d'un italien "massacré". Par exemple :

una cazzata
ouna kadz-zata
une connerie

una minchiata
ouna mi-nk-i-ata
une connerie

Vous reconnaîtrez sans aucun besoin d'aide toutes les variations possibles autour des mots **culo** *koulo, cul,* **merda** *mèRda, merde,* ainsi que de jurons proches des nôtres.

Voici en revanche quelques expressions inventées par les Italiens pour substituer des expressions fort vulgaires :

Vai a quel paese!
Va-i a kwél pa-ézé
va à ce pays-là
Va te faire voir chez les Grecs !

Porco cane!*
poRko kané
cochon chien
Nom d'un chien !

* Substitutif de **Porco Dio!** *porko di-o* (litt. "cochon dieu") *Nom de Dieu !* … et dans un pays catholique comme l'Italie, vous imaginez bien que les blasphèmes ne manquent pas.

JOINDRE LE GESTE À LA PAROLE

Les Italiens ne se contentent pas de bouger les mains dans tous les sens pour appuyer leurs propos... ils arrivent même à remplacer des phrases par des gestes !

• Le bout de trois doigts joints (pouce, index, majeur) et dirigés vers soi, avec un léger regard critique, ont un sens plutôt négatif, du genre "mais qu'est-ce que tu racontes ?". Si ce même geste est, par contre, accompagné d'un regard aimable et interrogateur, cela signifie "que fais-tu ?", "où vas-tu ?".

• Les doigts d'une main légèrement tendus, plus au moins perpendiculaires à la paume, frôlent le menton à plusieurs reprises pour dire "ce n'est pas mon problème", "ça ne m'intéresse pas".

• En croisant le poignet et la main (comme dans l'illustration jointe) et en bougeant le bras droit de haut en bas tout en tapotant le poignet avec la main gauche, vous sous-entendez "il/elle a pris la poudre d'escampette" ou "fichons le camp !".

• Le pouce dessine sur la joue une ligne verticale de la tempe presque jusqu'au menton pour dire "il/elle est malin/maligne !".

• Les bras qui tombent vers le bas et s'ouvrent, les paumes vers le haut, veulent dire **Basta!** *(Ça suffit !)*. La désapprobation ou l'agacement peuvent également être exprimés par un léger claquement de langue "**t !**".

En fait, les gestes sont innombrables... Lorsque vous ne les comprenez pas, demandez :

Che significa questo gesto?
ké sign-ifika kwésto djèsto
Que signifie ce geste ?

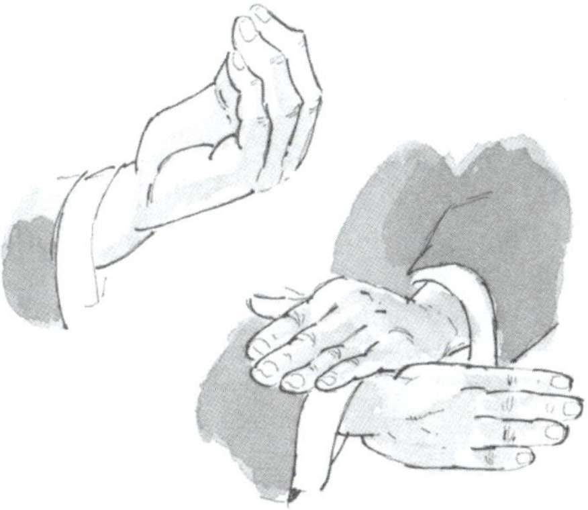

PREMIÈRES CONVERSATIONS

Comment engager une conversation

Ciao. Come ti chiami?
tcha-o komé ti ki-ami
ciao - comment te appelles
Salut. Comment t'appelles-tu ?

Sophie, e tu?
sofi é tou
Sophie, et tu
Sophie, et toi ?

Giovanni. Da dove vieni?
djova-n-ni da dové vi-èni
Giovanni - d'où viens
Giovanni. D'où viens-tu ?

Dalla Francia*, e tu dove abiti?
dal-la fRa-ntcha é tou dové abiti
de-la France, et tu où habites
De France. Et toi, où habites-tu ?

* **dal Belgio** *dal bèldjo*, **dalla Svizzera** *dal-la svidz-zéra*, **dal Canada** *dal ka-nada*, **dal Lussemburgo** *dal lus-sé-mbourgo*

Io abito a Siena. Ti piace l'Italia?
i-o abito a sié-na ti pi-atché l'itali-a
j'habite à Sienne - te plaît l'Italie
J'habite Sienne. Ça te plaît, l'Italie ?

Si, mi piace tanto.
si mi pi-atché ta-nto
oui, me plaît beaucoup
Oui, beaucoup.

Quali città hai visitato?
kwali tchit-tà a-i vizitato
Quelles villes as-tu visitées ?

Sono stata a Firenze, a Pisa e domani andrò in Maremma. La Toscana è una regione bellissima!
so-no stata a fiRè-nzé a piza é domani a-ndRò i-n maRé-m-ma la toskana è ouna Rédjoné bél-lis-sima
suis été(e) à Florence, à Pise et demain irai en Maremme - la Toscane est une région très-belle
Je suis allée à Florence, à Pise, et demain j'irai en Maremme. La Toscane est une très belle région.

Sei mai stato in Francia?
sè-i ma-i stato i-n fRa-ntcha
es jamais été en France
As-tu déjà été en France ?

Sono andato a Parigi.
sono a-ndato a paRidji
Je suis allé à Paris.

Io vivo a Parigi.
i-o vivo a paRidji
J'habite à Paris.

Posso offrirti un caffè?
pos-so of-fRiRti ou-n kaf-fè
peux offrir-toi un café
Je peux t'offrir un café ?

Volentieri!
volé-nti-èRi
Volontiers !

Les dialogues réservent toujours des surprises ; si vous êtes perdu, reportez-vous à la rubrique ***Rien compris ?***.

Exprimer ses goûts

Faites attention : le verbe **amare** *amaRé, aimer,* en italien n'est pratiquement utilisé que pour parler de l'amour que l'on porte à une personne. Vous direz donc :

Francesco ama Laura.
fRa-ncésko ama la-ouRa
Francesco aime Laura.

mais :

A Francesco piace andare in montagna.
a fRa-ncésko pi-atché a-ndaRé i-n mo-ntagn-a
à Francesco plaît aller en montagne
François aime aller en montagne.

Le verbe **piacere** *pi-atchéRé, plaire* s'accorde, comme en français, avec la chose qu'on aime. Vous demanderez donc :

Ti piace viaggiare?
ti pi-atché viadj-gi-aRé
te plaît voyager
Tu aimes voyager ?

Ti piacciono i capperi?
ti pi-atch-ci-ono i kap-péRi
te plaisent les câpres
Tu aimes les câpres ?

Pour répondre, vous pouvez dire :

Mi piace molto.
mi pi-atché molto
me plaît beaucoup
J'aime beaucoup.

Non mi piacciono per niente.
no-n mi pi-atch-ci-ono pèR ni-è-nté
ne-pas me plaisent pour rien
Je ne les aime pas du tout.

Lorsque vous aimez ou détestez vraiment quelque chose, vous pouvez dire également :

Impazzisco per la cucina italiana.
i-mpadz-zisko pèR la koutchina ital-i-ana
deviens-fou/folle pour la cuisine italienne
J'adore la cuisine italienne.

Destesto il vociare italiano.
détèsto il votchaRé itali-ano
déteste le vacarme italien
Je déteste le vacarme italien.

Lorsque vous êtes indécis :

Questo maglione mi piace così così.
kwésto malyi-oné mi pi-atché kozi kozi
Ce pull me plaît comme ci comme ça.

Parler de sa profession

Che lavoro fai?
ké lavoRo fa-i
que travail fais
Que fais-tu comme travail ?

Quale è il suo mestiere?
kwalé è il sou-o mésti-éRé
quel est le son métier
Quelle est votre profession ?

À ces questions, vous pouvez répondre en employant les verbes **essere** *èsséRé, être* ou **fare** *faRé, faire* :

Sono un medico.
sono ou-n médiko
suis un médecin
Je suis médecin.

Faccio l'impiegato.
fatch-ci-o l'i-mpi-égato
fais l'employé
Je suis employé.

Voici quelques professions. Nous signalons également le féminin :

architetto/-a	*aRkitét-to/-a*	architecte
parrucchiere/-a	*paR-Rouk-ki-éRé/-a*	coiffeur/-euse
portinaio/-a	*poRtina-i-o/-a*	concierge
cuoco/-a	*kou-oko/-a*	cuisinier/-ère
elettricista	*élét-tRitchista*	électricien/ne
studente/ssa	*stoudè-nté/ssa*	étudiant/e
funzionario/-a	*foundzi-o-naRi-o/-a*	fonctionnaire
infermiere/-a	*i-nféRmièRé/-a*	infirmier/-ère
ingegnere	*i-nqégn-èRé*	ingénieur
maestro/-a	*ma-èstRo/-a*	instituteur/-trice
operaio/-a	*opéRa-i-o/-a*	ouvrier/-ère
idraulico	*idRa-ouliko*	plombier
professore/ssa	*pRofés-soRé/ssa*	professeur
psicologo/-a	*psikologo/-a*	psychologue
segretario/-a	*ségRétaRi-o/-a*	secrétaire
cameriere/-a	*kaméRi-èRé/-a*	serveur/-euse

• La retraite

Quest'anno vado in pensione.
kwést'a-n-no vado i-n pé-nsi-o-né
Cette année, je prends ma retraite.

Sono in pensione da un anno.
sono i-n pé-nsi-oné da ou-n a-n-no
Je suis à la retraite depuis un an.

Mio padre è un pensionato.
mi-o padRé è ou-n pé-nsi-onato
Mon père est retraité.

• Le chômage

È disoccupato/-a.
è dizok-koupato/-a
est (dés-)occupé/e
Il/Elle est au chômage.

La disoccupazione è aumentata.
la dizok-koupadzi-o-né è a-oumé-ntata
la chômage est augmentée
Le chômage a augmenté.

Parler de son âge

Les Italiens sont peut-être moins réservés sur ce point que la plupart des francophones. Cependant, même en Italie, si l'on veut rester poli, on ne demande jamais son âge à une femme.

Jean et Alessandra sont en train de bavarder.

J. : **Quanti anni hai?**
kwa-nti an-ni a-i
combien années as
Quel âge as-tu ?

A. : **Che domanda indiscreta! Quanti anni mi dai?**
ké doma-n-da i-ndiskRéta kwa-nti a-n-ni mi da-i
que question indiscrète - combien ans me donnes
C'est une question bien indiscrète ! Tu me donnes quel âge ?

J. : **Trenta.**
tRè-nta
Trente ans.

A. : **Ho trentaquattro anni e tu?**
o tRé-ntakwat-tRo a-n-ni é tou
J'ai 34 ans, et toi ?

J. : **Io devo compiere trentacinque anni.**
i-o dévo ko-mpi-éRé tRé-ntatchi-nkwé a-n-ni
je dois accomplir trente-cinq ans
Je vais avoir 35 ans.

A. : **Quando è il tuo compleanno?**
kwa-ndo è il tou-o ko-mpléa-n-no
quand est le ton anniversaire
C'est quand, ton anniversaire ?

J. : **Il mio compleanno è l'undici maggio.**
il mi-o ko-mpléa-n-no è l'ou-nditchi madj-gi-o
le mon anniversaire est le onze mai
Mon anniversaire est le onze mai.

A. : **Come mio fratello. Lui è più piccolo di me. Io sono la più vecchia.**
komé mi-o fRatèl-lo lou-i è pi-ou pik-kolo di mé i-o sono la pi-ou vèk-ki-a
comme mon frère - il est plus petit de moi - je suis la plus vieille
Comme mon frère. Il est plus jeune que moi Moi, je suis la plus âgée.

J. : **Io ho due sorelle più grandi di me. Sono il più giovane.**
i-o o dou-é soRèl-lé pi-ou gRa-ndi di mé sono il pi-ou djované
j'ai deux sœurs plus grandes de moi - suis le plus jeune
J'ai deux sœurs plus âgées que moi. Je suis le plus jeune.

Déclarations d'amour

On le sait, les Italiens sont doués pour **fare la corte** *faRé la koRté, conter fleurette* et pour **rimorchiare** *RimoRki-aRé, draguer*. Cependant, ne vous précipitez pas : le moment de l'approche est un véritable jeu de charme dans lequel les Italiens, hommes et femmes confondus, s'amusent tellement qu'ils peuvent difficilement y renoncer.

Ils (elles) commenceront par vous inviter à sortir :

Cosa fai questa sera? Ti va di uscire?
koza fa-i kwésta séRa ti va di ouchiRé
chose fais ce soir - te va de sortir
Qu'est-ce que tu fais ce soir ? Ça te dit de sortir ?

Ti posso invitare a cena?
ti pos-so i-nvitaRé a tchéna
te peux inviter à dîner
Je peux t'inviter à dîner ?

Andiamo a bere qualcosa insieme?
a-ndi-amo a béRé kwalkoza i-nsi-émé
allons boire quelque-chose ensemble
Nous allons boire quelque chose ensemble ?

Ci vediamo questa sera?
tchi védi-amo kwésta séRa
nous voyons ce soir
On se voit ce soir ?

Le fait d'avoir accepté de sortir ne vous oblige absolument à rien. Cependant, soyez attentif à la qualité du regard… C'est là que, parfois, les choses se déclenchent… et dans ce cas-là, c'est à vous de jouer.

Quelques phrases classiques :

Come sei bella questa sera!
komé sè-i bél-la kwésta séRa
Comme tu es belle ce soir !

Mi piaci.
mi pi-atchi
Tu me plais.

Mi piace stare con te.
mi pi-atché staRé ko-n té
me plaît être avec toi
Je suis bien avec toi.

Ti amo.
ti amo
Je t'aime.

Remarque importante :

Si vous êtes une femme, n'attendez pas qu'un homme vous donne son numéro de téléphone. Si vous êtes un homme, ne donnez pas votre numéro de téléphone à une femme. En Italie, la coutume veut que ce soit l'homme qui demande le numéro à la femme : c'est alors à elle de décider si elle doit accepter ou refuser de le donner… et, plus tard, elle n'aura plus qu'à "gérer" l'appel en acceptant ou en refusant de revoir l'homme à qui elle a confié son numéro.

Mi lasci il tuo numero?
mi lachi il tou-o nouméRo
me laisses le ton numéro
Tu me donnes ton numéro ?

Posso chiamarti domani?
pos-so ki-amaRti domani
peux appeler-te demain
Je peux t'appeler demain ?

Il mio numero è…
il mi-o nouméRo è
Le mon numéro est…
Mon numéro est…

Certo, chiamami dopo le otto.
tchèRto ki-amami dopo lé ot-to
Bien sûr, appelle-moi après 8 heures.

Si vous voulez refuser toute invitation, vous n'avez qu'à dire :

Lascia perdere!
lachi-a péRdéRé
Laisse tomber !

Lasciami stare!
lachi-ami staRé
laisse-moi rester
Laisse-moi tranquille !

Si, en revanche, il vous arrive de **perdere la testa** *pèRdéRé la tèsta, perdre la tête,* pour la personne avec qui vous êtes, et que vous êtes appelé/e à **fare l'amore con lei/lui** *faRé l'amoRé ko-n lè-i / lou-i, coucher avec elle/lui* (litt. "faire l'amour avec elle/lui"), n'oubliez pas les **preservativi** *pRéséRvativi, préservatifs.*

EN VADROUILLE

En voiture

Il est inutile de vous rappeler que l'Italie est un pays riche de beautés : des petits villages – conservés intacts – du Moyen Âge ou de la Renaissance – parsèment le pays comme autant de petits bijoux cachés. Ne réduisez pas l'Italie à Venise, Florence, ou Rome. Prenez le temps de **andare a zonzo** *a-ndaRé a dzo-ndzo, vadrouiller,* éloignez-vous des itinéraires les plus connus et découvrez les surprises que le pays vous réserve.

D'abord, pour ce qui est du mythe des Italiens voleurs, lisez en souriant ces mots lourds de sens d'un écrivain napolitain.

Venire in Italia e pensare di essere in Svizzera è prova di poca acutezza da parte del viaggiatore.
véniRè i-n itali-a é pé-nsaRé di ès-séRé i-n svidz-zéRa è pRova di poca acoutédz-za da paRté dél vi-adj-gi-atoRé
Venir en Italie en pensant être en Suisse est faire preuve de peu de perspicacité de la part du voyageur.

Donc, si vous allez en Italie, évitez de paniquer, mais que votre attention soit toujours vigilante ! Il n'y a pas un voleur prêt à vous tomber dessus à tous les coins de rue, mais si vous vous promenez tête en l'air comme dans une belle vallée suisse, alors une petite mésaventure n'est pas totalement à exclure.

La macchina *la mak-kina, la voiture*, est le moyen le plus indiqué pour visiter l'Italie. Grâce à elle, vous pouvez vous déplacer et gagner facilement les grandes villes, tout en découvrant la richesse des petits villages. Pour ce faire, il convient de prendre **le statalilé** *lé statali, les routes nationales*. Si vous choisissez l'**autostrada** *a-outostRada, autoroute*, soyez attentif aux panneaux qui signalent les bretelles d'accès aux lieux d'intérêt touristique.

Attention : les autoroutes (toujours payantes) sont signalées par des panneaux verts, et les autres routes, par des panneaux bleus.

Pour votre sécurité, nous vous conseillons – dans les grandes villes – de garer votre voiture dans un parking surveillé. Il est à noter également que les hôtels ont presque toujours un parking réservé aux clients. Dans les villes, le plus souvent, le stationnement est malheureusement payant.

Quale strada bisogna prendere per andare a…?
kwalé stRada bisogn-a pRè-ndéRé péR a-ndaRé a
Quelle route faut-il prendre pour aller à… ?

Dov'è l'ingresso dell'autostrada?
dov'è l'i-ngRès-so dél-l'a-outostRada
Où est l'entrée de l'autoroute ?

l'uscita dell'autostrada per…
l'ouchita dél-l'a-outostRada péR
la sortie de l'autoroute pour…

il casello dell'autostrada / il pedaggio
il kazél-lo dél-l'a-outostRada / il pédadj-gi-o
le péage

C'è un parcheggio custodito?
tch'è ou-n paRkédj-gi-o koustodito
Y a-t-il un parking surveillé ?

Parcheggio libero/a pagamento
paRkédj-gi-o libéRo / a pagamè-nto
Stationnement libre/payant

L'hotel possiede un parcheggio riservato ai clienti?
l'hotèl pos-si-édé ou-n paRkédj-gi-o RiséRvato a-i kli-è-nti
L'hôtel possède-t-il un parking réservé aux clients ?

Dove posso parcheggiare l'auto?
dové pos-so paRkédj-gi-aRé l'a-outo
Où puis-je garer ma (la) voiture ?

È possibile noleggiare una macchina?
è pos-sibilé nolédj-gi-aRé ouna mak-kina
Est-il possible de louer une voiture ?

una macchina a noleggio
ouna mak-kina a nolédj-gi-o
une voiture de location

Dov'è un distributore di benzina?
dov'è ou-n distRiboutoRé di bé-ndzina
Où y a-t-il un poste d'essence ?

Il pieno, per favore!
il pi-éno, pèr favoré
Le plein, s'il vous plaît !

IL PIENO PER FAVORE!
(Le plein, s'il vous plaît !)

En train

il treno	*il tRèno*	le train

Le retard des **treni** *tRè-ni, trains,* italiens est proverbial. Il est vrai que, dans les dernières années, la situation s'est améliorée. Vous disposez de différentes catégories de train :

• L'**eurostar** *l'é-ouRostaR*, train équivalent au TGV, est le train le plus rapide et normalement ponctuel, mais il ne dessert que les villes les plus importantes.

• Parmi les trains moins rapides, vous trouvez :

– le **regionale** *Rédjonalé*, train régional qui dessert les villes d'une même région ;

– ou le **locale** *lokalé*, train équivalent au train corail : il s'arrête dans toutes les gares et prend souvent du retard.

• Entre ces deux catégories, vous avez aussi :
– l'**intercity** *i-ntéRsity*, train qui dessert des villes assez importantes ;
– et l'**interregionale** *l'i-ntéR-Rédjo-nalé* train interrégional.

Le site internet des **ferrovie** *féR-Rovi-é, chemins de fer*, est : www.ferroviedellostato.it

Vous venez d'arriver à la gare de Milan et vous voulez aller à Bologne :

Scusi quale è il primo treno per Bologna?
skouzi kwalé è il pRimo tRèno péR bologn-a
Excusez-moi, quel est le premier train pour Bologne ?

A quest'ora può prendere sia l'eurostar che l'interregionale. Con l'eurostar si impiega un'ora e cinquanta, con l'interregionale due ore e mezzo.
a kwést'oRa pou-o pRè-ndéRé si-a l'é-ouRostaR ké l'i-ntéR-Rédjonalé ko-n l'é-ouRostaR si i-mpiéga ou-n'oRa é tchi-nkwa-nta ko-n l'i-ntéR-Rédjonalé dou-é oRé é médz-zo
À cette heure-ci, vous pouvez prendre soit le TGV, soit le train interrégional. Par le TGV, il faut compter une heure cinquante, par le train interrégional, deux heures et demie.

Quanto costa il biglietto di seconda classe?
kwa-nto kosta il bilyi-ét-to di séko-nda klas-sé
Combien coûte le billet de deuxième classe ?

L'interregionale costa 10 euro. Per l'eurostar c'è un supplemento.
l'i-ntéR-Rédjonalé kosta di-ètchi è-ouRo péR l'é-ouRostaR tch'è ou-n soup-plémè-nto
Le train interrégional coûte 10 euros. Pour le TGV, il y a un supplément.

Prendo l'interregionale, grazie. Un biglietto di andata e ritorno. Da quale binario parte il treno?
pRè-ndo l'i-ntéR-Rédjonalé gRadsi-è ou-n bilyi-ét-to di a-ndata é RitoRno da kwalé binaRi-o paRté il tRé-no
Je prends le train interrégional, merci. Un aller-retour. De quelle voie part le train ?

Una mezz'ora prima della partenza appare il numero del binario sul tabellone.
ouna médz-z'oRa pRima dél-la paRtè-n-za ap-paRé il nouméRo dél bi-naRi-o soul tabél-loné
Une demi-heure avant le départ, le numéro de la voie s'affiche sur le tableau.

Tra quanto parte il treno?
tRa kwa-nto tè-mpo paRté il tRèno
Dans combien de temps part le train ?

Tra un'ora. Se vuole, c'è una sala d'aspetto in fondo al corridoio.
tRa ou-n'oRa sé vou-olé tch'è ouna sala d'aspét-to i-n fo-ndo al koR-Rido-i-o
Dans une heure. Si vous voulez, il y a une salle d'attente au fond du couloir.

En avion

l'aereo	*l'a-èRé-o*	l'avion

Aujourd'hui il y a pas mal d'offres intéressantes pour les vols vers l'Italie. Nous vous conseillons d'aller voir sur Internet. Mais faites attention : les petites compagnies desservent des **aeroporti** *a-éRopoRti, aéroports*, souvent éloignés des grandes villes. Il y a cependant toujours un **bus-navetta** *bouss navét-ta, navette,* qui vous amène au centre-ville.

EN VILLE

Vous passerez des jours inoubliables dans les villes italiennes. Lorsque vous arrivez, cherchez l'**ufficio turistico** *ouf-fitcho touRistiko*, l'*office du tourisme* : vous pourrez y récupérer **una piantina della città** *ouna pi-a-ntina dél-la tchit-ta*, *un plan de la ville*, les adresses des hôtels et le programme des **manifestazioni** *ma-niféstadsi-o-ni*, *manifestations*, proposées par la mairie ou par des organismes privés.

Chaque ville est divisée en **quartieri** *kwaRti-èRi*, *quartiers*. Le cœur de la ville est toujours le **centro storico** *tchè-ntRo stoRiko*, le *centre historique*, souvent très bien conservé : **i vicoli** *vikoli*, *les ruelles*, se croisent et s'ouvrent sur des **piazze** *pi-adz-zé*, *places*, sur lesquelles donnent les **palazzi d'epoca** *paladz-zi d'époka*, *immeubles d'époque*. Le **centro storico** est souvent animé, pendant les belles soirées d'été, par des festivals de musique ou de théâtre. Parmi beaucoup d'autres, n'oubliez pas le festival **"Perugia Jazz"** ou **"Il festival dei due mondi"** (théâtre, musiques et danse) à Spoleto.

Pour vous déplacer en ville, le mieux est d'aller à pied : le centre historique est presque toujours **zona pedonale** *dzona pédonalé*, *quartier pour piétons, zone piétonnière*. Dans les plus grandes villes, il y a **una metropolitana** *métRopolitana*, *un métro*. Partout, vous avez des services de bus. Attention : vous ne pouvez pas acheter les tickets directement dans le bus. Les lieux affectés à la vente des tickets du bus étant nombreux et différents d'une ville à l'autre, il est aussi simple de demander :

Dove posso comprare i biglietti dell'autobus?
dové pos-so ko-mpRaRé i bilyi-ét-ti déll'a-outobouss
Où puis-je acheter les tickets de bus ?

Les Italiens n'ont pas trop l'habitude de prendre le **taxi** *taxi, taxi*, qui reste un moyen de transport relativement cher.

Jean vient d'arriver à Vérone et pose quelques questions au marchand de journaux, **edicolante** *édikola-nté* :

Scusi, mi sa indicare la direzione verso il centro?
skouzi mi sa i-ndikaRé la diRédzi-o-né vèRso il tchè-ntRo
excuses, me sait indiquer la direction vers le centre
Pardon, pourriez-vous m'indiquer la direction vers le centre-ville ?

Continui sempre dritto lungo questo marciapiede e prenda la prima a destra.
ko-ntinou-i sè-mpRé dRit-to loun-go kwésto maRtchapi-èdé é pRè-nda la pRima a dèstRa
Continuez toujours tout droit, le long de ce trottoir et prenez la première à droite.

Piazza delle Erbe è lontana?
pi-adz-za dél-lé èRbé è lo-ntana
La place des Herbes est loin ?

No, una decina di minuti a piedi. Non si dimentichi di entrare nel Palazzo del Comune e di salire in cima alla torre dei Lamberti da cui può ammirare il panorama della città. Vicino c'è anche la bella cattedrale.
no ouna détchina di minouti a pi-èdi no-n si dimè-ntiki di è-ntRaRé nél paladz-zo dél ko-mouné é di saliRé i-n tchima al-la toR-Ré dé-i la-mbèRti da kou-i pou-o a-m-miRaRé il panoRama dél-la tchit-ta vitchino tch'è a-nké la bèl-la kat-tédRalé
Non, une dizaine de minutes à pied. N'oubliez pas d'entrer dans l'hôtel de ville et de monter en haut de la tour des Lamberti, d'où vous pouvez admirer la vue sur la ville. À côté, il y a aussi la belle cathédrale.

L'Arena è molto distante dal centro?
l'aRèna è molto dista-nté dal tchè-ntRo
Les Arènes sont très loin du centre-ville ?

Per nulla. Da Piazza delle Erbe ci vada a piedi e le capiterà di fare la tipica passeggiata dei Veronesi. Mi raccomando, non si dimentichi di visitare il vecchio castello e la chiesa di San Zeno.
péR noul-la da pi-adz-za dél-lé èRbé tchi vada a pi-èdi é lé kapitéRà di faRé la tipika pas-sédjata dé-i véRo-nési mi Rakkoma-ndo no-n si dimé-ntiki di visitaRé il vék-ki-o kastèl-lo é la ki-éza di sa-n dsé-no
pour rien - de place des Herbes y aille à pieds et lui arrivera de faire la typique promenade des Véronais - me recommande, ne s'oublie pas de visiter le vieux château et l'église de saint Zéno
Pas du tout. De la place des Herbes allez-y à pied et vous ferez ainsi la promenade typique des habitants de Vérone. Je vous en prie, n'oubliez pas de visiter le vieux château et l'église de Saint-Zeno.

DANS LA NATURE

Vous aurez l'occasion de constater que l'Italie est très peuplée et parsemée de villes et de villages. Cette caractéristique n'enlève rien à la beauté du **paesaggio** *pa-ézadj-gi-o, paysage,* et vous pourrez encore trouver des lieux où vous pouvez vous trouver immergé en pleine nature.

Vous avez le choix entre la montagne et la mer.

En montagne

Vous pouvez par exemple aller faire du ski dans les **alte montagne delle Alpi** *alté mo-ntagn-è dél-lé alpi, les hautes montagnes des Alpes,* ou faire de belles **passeggiate** *pas-sédj-gi-até, promenades,* dans les **Appennini**.

Voici quelques mots utiles à ce sujet :

una stazione sciistica	*ouna stadsi-oné chi-istika*	une station de ski
gli sci	*lyi chi*	les skis
le racchette	*lé Rak-két-té*	les raquettes
gli scarponi	*lyi skaRponi*	les chaussures de ski
gli sci da fondo	*lyi chi da fo-ndo*	les skis de fond
i doposci	*i dopochi*	les après-skis
la neve	*la névé*	la neige
il ghiaccio	*il gu-iatch-ci-o*	le verglas
la seggiovia	*la sèdj-gi-ovi-a*	le télésiège
la cabinovia	*la kabinovi-a*	la télécabine
il vin brûlé	*il vin bRoulé*	le vin chaud
uno zaino	*ouno dza-ino*	un sac à dos
un sacco a pelo	*ou-n sak-ko a pélo*	un sac de couchage
un rifugio	*ou-n Rifoudjo*	un refuge
una borraccia	*ouna boR-Ratch-ci-a*	une gourde
una escursione	*ouna éskouRsi-oné*	une excursion
una scalata	*ouna skalata*	une escalade
una storta	*ouna stoRta*	une entorse
una gita	*ouna djita*	une randonnée

En plaine

N'oublions pas les **pianure** *pi-anouRé, plaines,* comme par exemple la **Pianura Padana**, traversée par le **fiume Po** *fi-oumé po, fleuve Pô,* et les **laghi** *lagui, lacs* : les lacs sont souvent des lieux touristiques très attrayants, comme le **Lago di Garda** ou celui **di Bolsena**. Le **lago di Como** est connu de tous les Italiens, car rendu célèbre par l'un des plus grands romans italiens, **I Promessi sposi** *i pRomés-si spozi, les fiancés* (litt. "les promis mariés").

Vous pourrez vous amuser à **pescare** *péskaRé, pêcher,* mais attention, il est préférable de bien observer les panneaux éventuels ou de demander à l'avance :

C'è divieto di pesca?
tch'è divi-éto di péska
Est-il interdit de pêcher ?

C'È DIVIETO DI PESCA?
(Est-il interdit de pêcher ?)

Autour des volcans

Il y a aussi des **vulcani** *voulkani, volcans* : à Naples, le **Vesuvio**, dont l'**eruzione** *éRoudsi-oné, éruption,* de l'an 79 après J.-C. a submergé la ville de **Pompei**, qui reste aujourd'hui un étrange et impressionnant musée à ciel ouvert. En Sicile, vous pouvez escalader l'**Etna**. Vous pouvez également vous rendre directement en vacances dans les **isole Eolie** *izolé é-oli-é, îles éoliennes* : c'est un **arcipelago** *aRtchipélago, archipel,* constitué de dix petites îles, dont sept seulement sont habitées. Si presque toutes sont d'origine volcanique, le **Stromboli** est un volcan en activité constante.

À la mer

Et nous voilà **al mare** *al maRé, à la mer* ! Vous n'avez que l'embarras du choix pour passer un agréable séjour au bord de la mer. Les **coste** *kosté, côtes*, peuvent satisfaire tous les goûts : il y a des côtes **sabbiose** *sab-bi-ozé, sablonneuses*, ou **rocciose** *Rotch-ci-ozé, rocheuses*, **a picco** *a pik-ko, a pic*, ou **basse** *bas-sé, basses*, **attrezzate per il turismo** *at-tRédz-zaté péR il touRismo, équipées pour le tourisme*, ou **selvagge** *sélva-dj-gé, sauvages*. N'oublions pas les nombreuses et superbes **grotte** *gRot-té, grottes*, formées par la mer dans les côtes les plus rocheuses.

La mer est belle partout, même si il peut y avoir des problèmes d'**inquinamento** *i-nkwi-namé-nto, pollution*.

Dov'è la spiaggia?
dov'è la spiadj-gi-a
Où est la plage ?

È possibile affittare un ombrellone, una sdraio e un lettino?
è pos-sibilé af-fit-taRé ou-n o-mbRél-loné ouna sdRa-i-o é ou-n lét-ti-no
Peut-on louer un parasol, une chaise longue et un lit de plage ?

costume (da bagno)	*kostoumé da bagn-o*	maillot de bain
telo da mare	*télo da maRé*	drap de bain
spiaggia libera	*spiadj-gi-a libéRa*	plage publique
spiaggia privata	*spiadj-gi-a pRivata*	plage privée
fare il bagno	*faRé il bagn-o*	se baigner
tuffarsi	*touf-faRsi*	plonger
nuotare	*nou-otaRé*	nager
annegare	*a-n-nég-aRé*	se noyer

bagnino	*bagn-i-no*	maître-nageur
riccio	*Ritch-ci-o*	oursin
medusa	*médouza*	méduse
corrente pericolosa (n. f.)	*koR-Rè-nté péRikoloza*	courant dangereux
prendere il sole	*pRé-ndéRé il solé*	prendre le soleil
scottarsi/bruciarsi	*skot-taRsi / bRoutchi-aRsi*	se brûler
crema da sole	*kRèma da solé*	crème solaire
abbronzatura (n. f.)	*ab-bRo-ndzatouRa*	bronzage
eritema solare (n. m.)	*éRitèma solaRé*	érythème solaire
scottatura	*skot-tatouRa*	brûlure
colpo di sole	*kolpo di solé*	coup de soleil

divieto di balneazione
divi-èto di balné-adsi-oné
défense de se baigner

spiaggia nudisti
spi-adj-gi-a noudisti
plage pour nudistes*

* Les plages pour nudistes sont toujours signalées. En règle générale, sur les autres plages, **è proibito prendere il sole nudi** *è pro-ibito pré-ndéRé il solé noudi, il est interdit de prendre le soleil nus.*

L'HÉBERGEMENT

Où dormir ?

C'est effectivement une bonne question... Passons en revue toutes les possibilités.

• À l'hôtel

Scusi, mi può indicare...?
skouzi mi pou-o i-ndikaRé
Excusez-moi, vous pouvez m'indiquer... ?

un albergo economico
ou-n albèRg-o ékonomiko
un hôtel économique

un albergo modesto, ma pulito
ou-n albèRg-o modèsto ma poulito
un hôtel modeste, mais propre

un grande albergo
ou-n gRa-ndé albèRg-o
un grand hôtel

un albergo di lusso
ou-n albèRg-o di lous-so
un hôtel de luxe

Remarquez que les Italiens emploient couramment le mot français "hôtel".

La pensione est un hôtel assez bon marché – que nous pourrions comparer à nos anciennes pensions de famille –, où, en règle générale, les clients sont en pension complète ou demi-pension.

una pensione a conduzione familiare
ouna pé-nsi-oné a ko-ndoudsi-oné famili-aRé
une pension à conduite familière
une pension de famille

• L'agritourisme

Une autre solution est l'*agritourisme*, **agriturismo** *agRitou-Rismo*. De plus en plus à la mode en Italie, cette solution d'hébergement vous offre soit la possibilité d'une immersion dans la nature, loin du bruit des villes, soit la chance de déguster des plats typiques faits maison. Les places ne sont jamais nombreuses ; aussi est-il conseillé de **prenotare in anticipo** *pRénotaRé i-n a-ntitchipo, réserver à l'avance*.

• Les auberges de jeunesse

Pour les jeunes qui ne veulent pas trop dépenser, il y a, comme dans le monde entier, *les auberges de jeunesse*, **gli ostelli della gioventù** *lyi ostèl-li dél-la djové-ntu*.

• Les chambres d'hôtes

Les chambres chez l'habitant sont de plus en plus rares : il n'y a même pas d'expression spécifique pour les désigner. Vous pouvez encore trouver, dans des petits villages pas encore complètement conquis par le tourisme, des **privati** *pRivati*, *particuliers*, qui louent des chambres chez eux. Demandez alors :

C'è qualcuno in paese che affitta una camera?
tch'è kwalkouno i-n pa-ézé ké af-fit-ta ouna kaméRa
Il y a quelqu'un dans le village qui loue une chambre ?

• Autres solutions originales

N'oubliez pas qu'en Italie, pays traditionnellement catholique, il y a beaucoup de **Case del pellegrino** *kazé dél pél-légRi-no*, *maisons du pèlerin*, ou des **Conventi** *ko-nvè-nti*, *couvents*, qui peuvent louer des chambres. Solution qu'il est bon de garder à l'esprit lorsque vous décidez d'aller, par exemple, à Venise, à Rome, à Assise.

Vous venez de rentrer dans le hall de l'hôtel Polo :

Buona sera, avete una camera doppia?
bou-ona séRa avété ouna kaméRa dop-pi-a
Bonsoir, avez-vous une chambre double ?

Sì, per quante notti?
si péR kwa-nté not-ti
Oui, pour combien de nuits ?

Per quattro notti. Fate anche pensione?
péR kwat-tRo not-ti faté a-nké pé-nsi-oné
Pour quatre nuits. Vous faites aussi restaurant ?

Certo. Preferisce la pensione completa o la mezza pensione?
tchèRto pRéféRiché la pé-nsi-oné ko-mplèta o la mèdz-za pé-nsi-oné
Bien sûr. Vous préférez pension complète ou demi-pension ?

Ci va bene la pensione completa, grazie.
tchi va bèné la pé-nsi-oné ko-mplèta gRadsi-é
à-nous va bien la pension complète, merci.
La pension complète nous convient, merci.

Il pranzo è servito dalle 12 all'una, la cena dalle 7 alle 8.
il pRa-ndzo è séRvito dal-lé doditchi al-l'ouna la tchéna dal-lé sèt-tè al-lé ot-to
Le déjeuner est servi de midi à treize heures, le dîner de 19 heures à 20 heures.

Scusi la colazione è compresa?
skouzi la koladsi-oné è ko-mpRésa
Excusez-moi, le petit-déjeuner est compris ?

Ho dimenticato di dirlo, scusi. La colazione è compresa e è servita dalle 7 alle 10 e mezzo.
o dimé-ntikato di diRlo skouzi la koladsi-o-né è ko-mpRésa é è séRvita dal-lé sèt-tè al-lé di-ètchi é mèdz-zo
J'ai oublié de [vous] le dire, pardon. Le petit-déjeuner est compris et il est servi de 7 heures à 10 heures et demie.

Dobbiamo pagare subito?
dob-bi-amo pagaRé soubito
nous devons payer tout-de-suite
Devons-nous régler tout de suite ?

No no, quando partite. Ho bisogno però di un documento.
no no kwa-ndo paRtité o bizogn-o peRò di ou-n dokoumé-nto
Non, quand vous partez. J'ai besoin, en revanche, d'une pièce d'identité.

Tenga, ecco il mio passaporto. Vuole anche quello di mia moglie?
tè-ng-a èk-ko il mi-o pas-sapoRto vou-olé a-nké kwél-lo di mi-a molyi-é
Tenez, voilà mon passeport. Voulez-vous aussi celui de ma femme ?

No grazie, basta il suo. La vostra camera è la 224, al secondo piano. Vi accompagno. Se volete lasciare i bagagli, un cameriere ve li porta dopo in camera.
no gRadsi-é basta il sou-o la vostRa ka-méRa è la dou-étché-ntové-ntikwat-tRo al séko-ndo pi-ano vi ak-ko-mpagn-o sé volété lachi-aRé i bag-alyi ou-n kaméRi-èRé vé li poRta dopo i-n kaméRa
non merci, suffit le vôtre - la votre chambre est la 224, au deuxième étage - vous accompagne - si voulez laisser les bagages, un garçon vous les apporte après dans chambre
Non merci, le vôtre suffit. Votre chambre est la 224, au deuxième étage. Si vous voulez laisser vos bagages, un garçon va vous les monter dans la chambre.

La vie nocturne

Une fois réglé le problème de l'hôtel, vous pouvez vous plonger dans la vie nocturne italienne. Et alors…

Dove si va questa sera?
dové si va kwésta séRa
où on va ce soir
Où va-t-on ce soir ?

L'été, quand il fait très chaud, les gens descendent dans la rue – et ce, dans toutes les villes – afin de **godersi il fresco** *godéRsi il fRésko, profiter de la fraîcheur.* Les villes s'animent, les gens restent longtemps à **chiacchierare** *ki-ak-ki-éRaRé, bavarder, papoter* aux terrasses des **bar** *baR, cafés,* ou se promènent **leccando un gelato** *lék-ka-ndo ou-n djélato, en mangeant une glace* (litt. "léchant une glace ").

Dove posso trovare un bar con i tavolini fuori?
dové pos-so tRovaRé ou-n baR ko-n i tavoli-ni fou-oRi
où peux trouver un bar avec les petits-tables dehors
Où puis-je trouver un café avec une terrasse ?

Possiamo sederci fuori?
pos-siamo sédéRtchi fou-oRi
pouvons asseoir-nous dehors
Pouvons-nous nous asseoir en terrasse ?

Mi sa consigliare una buona gelateria?
mi sa ko-nsilyi-aRé ouna bou-ona djélatéRi-a
Pourriez-vous me conseiller un bon café-glacier ?

Che gusto vuole?
ké gousto vou-olé
que parfum veut
Quel parfum voulez-vous ?

Un cono al fior di latte e al bacio.
ou-n ko-no al fi-oR di lat-tè é al batchi-o
un cône au fleur de lait et au baiser
Un cornet à la crème et au chocolat-noisette.

Vous serez étonné par la quantité de **gusti** *gousti, parfums* ! Nous vous laissons les découvrir par vous-même et vous en régaler… la glace italienne est toujours bonne et bon marché. Si vous êtes en Sicile, n'oubliez pas de goûter **la granita siciliana** *la gRa-nita sitchili-a-na, le "granité" sicilien,* qui n'a rien à voir avec celui que l'on connaît dans le reste du monde, y compris dans d'autres régions d'Italie.

Les soirs d'été, dans de nombreuses villes, on installe un cinéma en plein air. Profitez du **cinema all'aperto** *tchinéma al-l'apéRto, cinéma en plein air* (litt. "cinéma à l'ouvert") ! Les **film** *film, films,* sont en général ceux de la saison précédente, mais qu'importe… Ce sera toujours pour vous une excellente occasion de réviser votre italien ; en Italie les films étrangers sont presque toujours **doppiati** *dop-pi-ati, doublés*.

Si vous voulez sortir en boîte, il ne vous reste qu'à chercher **un buon locale** *ou-n bou-o-n lokalé, une bonne boîte*, où **divertirvi** *divéRtiRvi, vous amuser* (litt. "amuser-vous ").
Si vous voulez aller danser, cherchez **una discoteca** *ouna diskotéka, une discothèque*.

Autrement, vous pouvez décider de vous rendre dans :

un piano bar
ou-n pi-ano baR
un piano-bar

una birreria
ouna biR-RéRi-a
un bar à bières

un centro sociale
ou-n tchè-ntRo sotchi-alé
(lieu de rencontre des jeunes, parfois dans un bâtiment squatté)

Les **bar** restent ouverts tard, et vous pouvez y écouter de la **musica dal vivo** *mouzika dal vivo,* musique jouée sur place (litt. "musique du vif ").

Une habitude de plus en plus ancrée en Italie est **l'aperitivo** *lapéRitivo, l'apéro*. L'apéro n'est plus simplement la petite pause au café après le travail avant de rentrer dîner chez soi ; il est désormais devenu le prélude incontournable pour entamer une bonne soirée entre amis. Force est de constater qu'aujourd'hui, l'apéro est une occasion mondaine de rencontre entre hommes et femmes de tout âge, et qu'il a tendance à devenir de plus en plus un dîner à part entière. Vous payez la boisson, et le bar vous offre des **patatine** *patatiné, des chips*, des **noccioline** *notch-ci-oliné, des cacahuètes*, **olive** *olivé, des olives*, **tartine** *taRtiné, des tartines*, **stuzzichini** *stoudz-zikini, des petites choses à grignoter* ; celles-ci peuvent être des plus variées, allant jusqu'aux pâtes froides, dans les **bar** les plus **alla moda** *al-la moda, branchés* (litt. "à la mode"). Si vous passez devant un bar à l'heure de l'apéro, ne vous étonnez pas de voir une foule bruyante qui, verre à la main, bouche le trottoir ; il ne vous reste qu'à vous y mêler pour devenir un/e véritable Italien/ne. Sachez enfin que les Italiens aiment **fare le ore piccole** *faRé lé oRé pik-kolé* (litt. "faire les heures petites") c'est-à-dire se coucher à une heure avancée.

En prenant un apéro, Jean fait la connaissance de Matteo et **della sua compagnia** *dél-la sou-a kompagn-i-a*, de son groupe d'amis (litt. "de-la sa compagnie").

M. : **Ciao, sono Matteo e tu come ti chiami?**
Tcha-o sono mat-tèo é tou komé ti ki-ami
Salut, moi, c'est Matthieu, et toi, comment tu t'appelles ?

J. : **Jean, piacere!**
djan pi-atchéRé
Jean, plaisir
Jean, enchanté !

M. : **Ti presento ai miei amici.**
ti pRésè-nto a-i mi-èi a-mitchi
Je te présente mes amis.

Ragazzi, vi presento Jean!
ragadz-zi vi pRésè-nto djan
garçons, vous présente Jean
Les enfants, je vous présente Jean !

I. : **Piacere! Isabella.**
pi-atchéRé isabèl-la
plaisir - Isabelle
Isabelle, enchantée !

T. : **Piacere! Tommi** (*surnom de Tommaso*)**.**
pi-atchéRé tom-mi
Thomas, enchanté !

M. : **Conoscerai gli altri durante la serata. Ecco che arriva Chiara, la mia ragazza.**
ko-nochéRa-i lyi altRi douRa-nté la séRata èk-ko ké aR-Riva ki-aRa la mi-a Ragadz-za
connaîtras les autres pendant la soirée - voilà que arrive Claire, la ma fille.
Tu connaîtras les autres au cours de la soirée. Voilà Claire, ma copine, qui arrive.

C. : **Piacere! Chiara.**
pi-atchéRé ki-aRa
Claire, enchantée !

J. : **Cosa si fa questa sera?**
koza si fa kwésta séRa
Qu'est-ce qu'on fait ce soir ?

M. : **Non lo so. Da noi, è abitudine trovarsi a bere l'aperitivo e poi decidere.**
no-n lo so da no-i è abitoudiné tRovaRsi a béRé l'apéRitivo é po-i détchidéRé
ne-pas le sais - de nous, est habitude trouver-se à boire l'apéritif et après décider
Je ne sais pas. Chez nous, on a l'habitude de prendre l'apéro et de décider ensuite.

T. : **Potremmo portare Jean a ballare?!**
potRém-mo poRtaRé djan a bal-laRé
pourrions porter Jean à danser
On pourrait emmener Jean danser ?!

J. : **Io devo andare a letto presto. Domani ho il treno alle 7.**
i-o dèvo a-ndaRé a lèt-to pRèsto doma-ni o il tRèno al-lé sèt-tè
moi dois aller au lit tôt - demain ai le train aux 7
Moi, je dois aller me coucher tôt. Demain, j'ai un train à 7 heures.

C. : **Dai! Sei in vacanza!**
dai sèi i-n vaka-ndza
donne - es en vacance
Oh, allez ! Tu es en vacances !

L. : **Potremmo andare ad ascoltare della musica dal vivo?**
potRém-mo a-ndaRé ad askoltaRé dél-la mouzika dal vivo
pourrions aller à écouter de-la musique du vif
On pourrait aller écouter de la musique ?

F. : **O potremmo andare a prendere un gelato e poi sederci in piazza?**
o potRém-mo a-ndaRé a pRè-ndéRé ou-n djélato é po-i sédéRcthi i-n pi-adz-za
ou pourrions aller à prendre un glace et après asseoir-nous en place
Ou on pourrait aller prendre une glace, puis s'asseoir sur la place ?

I. : **Allora, ci diamo una mossa?!**
al-loRa tchi di-amo ouna mos-sa
alors, nous donnons un mouvement
Bon, alors, on se bouge ?!

Le choix de l'endroit donne souvent lieu à de longues discussions, pendant lesquelles on mange, on boit, on bavarde.

CULTURE ET TRADITIONS

La famille

Il y a une chanson italienne dont les paroles sont "**Sono tutte belle le mamme del mondo**", *Toutes les mamans du monde sont belles...* Mais **la mamma italiana** est spéciale. Elle occupe réellement une place centrale dans la vie de ses enfants, même lorsqu'ils deviennent adultes. La mère italienne ne cesse jamais de s'inquiéter pour leur santé et de leur demander s'ils ont bien mangé.

Quelques expressions typiques suffisent à résumer leur attitude :

Hai messo la canottiera?
a-i mès-so la ka-not-ti-èRa
as mis la tricot-de-peau
Tu as mis ton maillot de corps ?

C'è caldo in casa tua?
tch'è kaldo i-n kaza tou-a
y-est chaud dans maison ta
Il fait bien chaud chez toi ?

Ti sei ricordato di mangiare?
ti sè-i RikoRdato di ma-ndjaRé
t'es rappelé de manger
Tu n'as pas oublié de manger ?

Ces questions, bien sûr, peuvent prêter à sourire. Cependant, ne vous en tenez pas à leur sens premier, car elles traduisent à elles seules la présence vivante de la famille dans la vie de chaque individu. La famille, en Italie, est une institution importante. Les enfants vivent longtemps au foyer de leurs parents, souvent jusqu'à leur mariage. Aujourd'hui, toutefois, du fait d'un niveau de vie plus aisé et des études universitaires qui entraînent les enfants loin de chez eux, ils quittent la famille plus rapidement. Ne soyez pas étonné si, connaissant un/e Italien/ne, vous vous retrouvez très vite invité dans sa famille, prête à vous accueillir comme l'un de ses enfants.

Une invitation

Vuoi venire a cena a casa mia?
vu-o-i vé-niRé a tché-na a kaza mi-a
Veux-tu venir dîner chez moi ?

Volentieri, grazie.
vole-ntièRi gRadsi-é
Volontiers, merci.

Permesso?
péRmés-so
Je peux entrer ?

Entra! Fai come a casa tua! Mia madre è in cucina. Ti presento mio padre.
è-ntRa fa-i komé a kaza tou-a mi-a madRé è i-n koutchina ti pRésè-nto mi-o padRé
Entre! Fais comme chez toi ! Ma mère est dans la cuisine. Je te présente mon père.

Piacere, sono Mario, il papà di Gianni.
pi-atchéRé so-no maRi-o il papà di dja-n-ni
plaisir, suis Mario, le père de Jean
Enchanté, je suis Mario, le père de Gianni.

È pronto! A tavola!
è pRo-nto à tavola
est prêt, à table
Nous pouvons passer à table !

Buon appetito!
bou-o-n appétito
Bon appétit !

Vuoi ancora un po' di pasta?
vou-o-i a-nkoRa ou-n po di pasta
veux encore un peu de pâte
Veux-tu encore un peu de pâtes ?

Grazie! / No grazie!
gRadsi-é / no gRadsi-é
Oui, merci ! / Non, merci !

Posso dare una mano?
pos-so daRé ouna ma-no
peux donner une main
Puis-je [vous] donner un coup de main ?

Che brava cuoca!
ké bRava kou-oka
que bonne cuisinière
Quelle bonne cuisinière !

È stata un'ottima cena, grazie.
è stata oun'ot-tima tchéna gRadsi-é
Ça a été un très bon dîner, merci.

Siete stati molto gentili a invitarmi.
siè-tè stati molto gé-ntili a i-nvitaRmi
êtes été/s très gentils à inviter-moi
C'est très gentil à vous de m'avoir invité/e.

Même si les habitudes sont en train de changer, la tradition veut que les fils soient toujours plus gâtés que les filles : pour eux, tout est prêt à la maison, et il arrive qu'ils ne sachent pas se débrouiller pour faire à manger, faire le ménage, etc. Toutefois, les femmes italiennes, de moins en moins **casalinghe** *kazali-ngué, ménagères,* ont commencé à changer rapidement la façon d'"éduquer" leurs hommes.

L'Italie est un pays qui vieillit : **la famiglia** *la famill'a, la famille,* est plus restreinte. Il y a peu de temps, le nombre de **fratelli** *fRatèl-li, frères,* et **sorelle** *soRèl-lé, sœurs,* était important, mais, aujourd'hui, les grandes familles sont une exception. Les liens d'une famille avec les autres parents restent en revanche très forts. D'abord **i nonni** *i no-n-ni, les grands-parents* : **la nonna** *la no-n-na, la grand-mère* et **il nonno** *il no-n-no, le grand-père* constituent une présence inaliénable dans la vie de tous les enfants italiens. Et par la famille des grands-parents, les liens avec les autres parents se tissent : **lo zio** *lo dsi-o, l'oncle,* **la zia** *la dsi-a, la tante,* **il cugino** *il kudjino, le cousin,* **la cugina** *la kudjina, la cousine.* Sachez que la famille italienne préserve fortement la tradition des liens parentaux, même ceux concernant les parents très éloignés : il peut vous arriver d'avoir l'impression que tous sont **cugini** *kudjini, cousins.*

Les femmes

Pour vous, madame : comme dans le monde entier, les **donne** *do-n-né, les femmes*, sont en train de s'émanciper rapidement. Comme pour tout autre pays, nous conseillons aux femmes qui voyagent seules de ne pas laisser leur attention en sommeil.

En revanche, il convient d'en finir avec le mythe des hommes "machos". Bien sûr, les Italiens aiment **fare i complimenti** *faRé i ko-mplimé-nti, faire des compliments*, flatter… et, avouons-le, peuvent devenir insistants. Mais avant de cataloguer tous les Italiens comme des "machos", essayez d'abord de les comprendre et mettez-vous à la place de ces hommes à caractère "méditerranéen" qui veulent accueillir au mieux la belle femme étrangère que vous êtes. Ne soyez pas gênée d'emblée par **un complimento** *ou-n complimé-nto, un compliment*, que l'on peut vous adresser. Cependant si quelqu'un vous dérange, dites :

Vai via!
va-i vi-a
Va-t'en !

Stammi alla larga!
stam-mi al-la laRga
reste-moi à-la distance
Casse-toi !

Lasciami in pace!
lachami i-n patché
Fiche-moi la paix !

Ou, s'il le faut, appelez quelqu'un au secours, en criant :

Aiuto!
a-i-outo
aide
Au secours !

Pour vous, monsieur : les **donne** italiennes sont souvent **chiacchierone** *ki-ak-ki-èRoné, bavardes*, mais ne prenez pas leur envie de parler pour des avances.

LA RELIGION

Les Italiens sont pour la plupart catholiques : la religion fait partie de la vie du pays. Autrefois, on trouvait énormément de fervents catholiques. Aujourd'hui, ils sont de moins en moins nombreux, même si l'on constate, ces toutes dernières années, un renouveau d'engouement pour la religion. En conséquence, le mariage à l'église prend souvent le pas sur celui à la mairie. Sachez qu'en Italie, le rite religieux comprend aussi le rite civil pour l'État.

N'oubliez pas que l'Italie accueille dans son territoire l'État du Vatican : vous ne serez donc pas surpris de voir fréquemment le **papa** *papa, pape* à la télévision, ni de constater que les Italiens sont informés très régulièrement de sa vie et de sa santé. En effet, le **papa** est très aimé en Italie.

La veille de **Natale** *natalé, Noël,* il est de coutume d'aller à la messe de minuit. Tout le monde se retrouve en famille autour d'un repas, certains pour le dîner du 24, d'autres au déjeuner du 25. **Babbo Natale** *bab-bo natalè, le père Noël,* apporte les cadeaux aux enfants, comme dans bien d'autres pays, mais il y a aussi d'autres fêtes à l'occasion desquelles les enfants italiens reçoivent des cadeaux. Par exemple, au Nord, **Santa Lucia** *sa-nta loutchi-a, Sainte-Lucie,* le 13 décembre, au Sud **i morti** *i moRti, la fête des morts,* le 2 novembre, lendemain de la Toussaint.

Pasqua *paskwa, Pâques,* est vécue comme une fête moins familiale ; un proverbe en atteste :

> **Natale con i tuoi, Pasqua con chi vuoi.**
> *natalé ko-n i tou-o-i paskwa ko-n ki vou-o-i*
> noël avec les tiens, Pâques avec qui veux
> Noël en famille, Pâques chez qui tu veux.

Les lendemains de Nöel et de Pâques, **Santo Stefano** *sa-nto stéfano, Saint Étienne* et **Pasquetta** *paskwét-ta, le lundi de Pâques,* sont fériés. Souvent, à **Pasquetta**, le beau temps s'annonce, et c'est l'occasion de se retrouver autour d'une table en plein air, entre amis : **uova** *ou-ova, œufs,* **insalata** *i-nsalata, salade,* et **torta di verdure** *toRta di véRdouRé* (litt. "tarte de légumes") tarte salée qui, à Gênes, est appelée à juste titre **torta pasqualina** *toRta paskwalina*.

En Italie, on dit **l'Epifania tutte le feste porta via** *l'épifani-a tout-té lé fésté poRta vi-a, l'épiphanie l'emporte sur toutes les fêtes.* Le 6 janvier, autre jour férié, conclut une période riche en fêtes, parmi lesquelles il est inutile de rappeler **il Veglione di fine anno** *il vélyio-né di finé a-n-no, le réveillon,* et **Capodanno** *kapoda-n-no,* le *Jour de l'an.*

Selon la tradition populaire italienne, la nuit du 5 au 6 janvier, la **Befana** *béfana,* petite vieille au nez très long, se déplace sur son balai et laisse tomber dans les cheminées des cadeaux pour les enfants. Ce n'est donc pas du tout la sorcière au sens auquel nous l'entendons, nous !

Il ne faut pas oublier la **Settimana Santa** *sét-timana sa-nta, Semaine sainte,* qui est l'occasion de rituels évocateurs dans beaucoup de villages, du Nord au Sud du pays.

Le 15 août est célébrée **l'Assunzione** *l'as-sou-ndsi-o-né, l'Assomption.* Cette fête religieuse, qui tombe au milieu de l'été, est un jour de repos national : on quitte les villes pour gagner les lieux de vacances. Les villes sont alors presque désertes et la fête éclate, à la plage comme en montagne : c'est le **ferragosto** *féR-Ragosto, la mi-août.*

LES FÊTES LOCALES

Il patrono

Toute ville et tout village possède son saint patron que l'on célèbre avec de grandes festivités. Le jour du "patron" est un jour férié. La ville ou le village se mobilise pour la fête. Le sacré et le profane se mêlent : à côté des célébrations religieuses, il y a souvent une **fiera** *fi-èRa, foire*, ou une **sagra** *sagRa, fête*. Vous pouvez y acheter des objets d'artisanat local et déguster de la cuisine du terroir. Souvent la fête se conclut par une soirée dansante et des feux d'artifice. Voici quelques exemples :

• Milan fête son patron, Saint-Ambroise, le 7 décembre, avec l'ouverture de la saison du théâtre **La Scala** et l'organisation d'une grande foire, très animée et très fréquentée, sur la place devant l'église de Sant'Ambrogio : **la fiera degli *oh bei oh bei!*** *o bè-i o bè-i*. Dans le dialecte de Milan, **oh bei** veut dire *Oh qu'ils sont beaux !*

• Naples fête son **San Gennaro** trois fois par an : le 19 septembre, le 16 décembre et le premier samedi de mai. La fête mobilise toute la ville qui se rassemble dans la cathédrale pour assister à la messe au cours de laquelle a lieu le miracle : depuis plusieurs siècles, le sang du saint se liquéfie en réponse aux prières des fidèles. On n'a jamais trouvé une explication scientifique satisfaisante à ce phénomène. Il est sûr, en revanche, que les Napolitains n'ont jamais cessé de lier le destin de la ville à ce miracle : lorsque le sang se liquéfie rapidement, la ville bénéficiera de toutes sortes de bénédictions ; quand la transformation est plus longue, Naples peut s'attendre à tout : tremblement de terre, choléra, etc.

Le "sagre"

Dans un village, il y a toujours prétexte à faire la fête. Vous pourrez tomber sur une **sagra** *sagra, fête*, pour la récolte des olives ou des marrons, pour les vendanges, pour la promotion du sport local, etc.

Pendant l'été, tous les partis politiques font leur **festa** *fèsta, fête*. C'est l'occasion d'assister aux débats des hommes politiques, de discuter et de s'amuser ensemble.

Les fêtes de la tradition

• Avant la période de pénitence du Carême, le **carnevale** *kaR-névalé, carnaval*, éclate partout : **il martedì grasso** *il maRtédi gRas-so, le mardi gras*, petits et grands aiment se déguiser. Il y a des défilés dans les rues et des fêtes publiques et privées : le tout est arrosé par les **coriandoli** *koRi-a-ndoli, confettis*. **Il carnevale di Venezia** et **il Carnevale di Viareggio** sont particulièrement renommés et fréquentés. À Venise, vous serez enchanté par la beauté des **maschere** *maskéRé, masques*. À Viareggio, vous pourrez en revanche vous amuser en regardant défiler les **carri** *kaR-Ri, chariots*, par l'intermédiaire desquels l'esprit anarchiste des Toscans couvre de ridicule l'Italie, ses vices et ses hommes politiques.

• Depuis l'an 1644, à Sienne, une spectaculaire compétition à cheval a lieu : **il Palio**. Deux fois par an, en juillet et en août, toute la ville partagée en 17 **contrade** *ko-ntRadé, quartiers*, participe à cette fête, qui se déroule sur plusieurs jours. Le clou de la fête est la compétition entre les 17 **cavalli** *kaval-li, chevaux*, montés par 17 **capitani** *kapitani, capitaines*, qui a lieu le 2 juillet et le 16 août sur la **Piazza del Campo** ; elle est inaugurée par le spectacle des 17 **alfieri** *alfi-èRi, porte-drapeaux*, qui déploient les bannières respectives des 17 quartiers.

Quant aux autres fêtes, nous vous laissons le plaisir de les découvrir au gré de vos déplacements.

Les fêtes civiles

• **Il 25 aprile** est l'anniversaire de la Libération de l'Italie de l'occupation nazie et la fin du régime fasciste. Cette date renvoie au 25 avril 1945 : date de la libération de Milan et de la chute de la République de Salò. Même si aujourd'hui le débat reste ouvert sur la nécessité de faire de cette fête, une fête de réconciliation nationale, elle reste encore pour la majeure partie de la population la fête des **partigiani** *paRtidja-ni, hommes du maquis*.

• Comme dans de nombreux pays, **il primo maggio**, *le 1er mai*, est la fête des travailleurs.

• **Il 2 giugno** est l'anniversaire de la proclamation de la République : le 2 juin 1946, par référendum, les Italiens refusaient la monarchie et se prononçaient pour la république.

MANGER ET BOIRE

Tout le monde sait que les Italiens sont des **buongustai** *bou-o-ngousta-i, gourmets*... leur cuisine ne vous décevra pas !

Où va-t-on manger ?

un ristorante	*ou-n RistoRa-nté*	un restaurant
una trattoria	*ouna tRat-toRi-a*	une "trattoria"
un'osteria	*ou-n'ostéRi-a*	un restaurant modeste
una pizzeria	*ouna pidz-zéRi-a*	une pizzeria
una tavola calda	*ouna tavola kalda*	un snack-bar (une table chaude)
una paninoteca	*ouna paninotéka*	une sandwicherie

En Italie, il y a des restaurants pour tous les goûts. Faites attention aux prix ! Ils peuvent monter assez haut ... En règle générale, les prix sont affichés à l'entrée. La **trattoria** et l'**osteria** sont des restaurants plus modestes où il y a souvent un menu fixe. Vous pouvez toujours demander quelques conseils aux passants :

Scusi mi sa consigliare un buon ristorante?
skouzi mi sa ko-nsilyi-aRé ou-n bou-o-n RistoRa-nté
Pardon, pouvez-vous me conseiller un bon restaurant ?

Dove posso trovare una trattoria alla buona?
dové pos-so tRovaRé ouna tRat-toRi-a al-la bou-ona
Où puis-je trouver une "trattoria" à la bonne franquette ?

C'è un'osteria all'angolo (della strada): si mangia molto bene.
tch'è ou-n'ostéRi-a al-l'a-ngolo (dél-la stRada) si ma-ndja molto béné
y-est une-"osteria" à-l'angle (de-la rue) : on mange très bien
Au coin de la rue, il y a un petit restaurant : on y mange très bien.

Si vous voulez manger quelque chose de rapide ou des sandwiches, cherchez une **tavola calda** ou une **paninoteca**. Notez au passage que les "panini" que vous connaissez n'existent pas en Italie : **un panino** est toujours *un sandwich*. Bien sûr, vous pouvez décider de le faire **riscaldare** *RiskaldaRé, réchauffer*. Aux "amateurs" de sandwiches, nous conseillons de goûter la **piadina** *pi-adina*, sandwich fait avec du pain spécial, ou la **focaccia** *fokatch-ci-a, fougasse*, qui peut être simple ou fourrée.

La **pizzeria**, tout le monde connaît ! Il serait d'ailleurs sacrilège d'aller en Italie sans y goûter la **pizza**. Fine ou épaisse, elle est toujours délicieuse, surtout à Naples, sa patrie. Les

pizzerie font aussi de plus en plus souvent restaurant : **pizzeria - ristorante**. Si vous êtes amateur de pizza, sachez que les bonnes sont cuites dans le **forno a legna** *foRno a lé-gn-a*, *four à bois*.

Bien que les brasseries ne fassent pas partie de la tradition italienne, on voit maintenant de plus en plus de **bar** faire aussi restaurants.

Le menu

Un bon repas complet en Italie se compose de :

antipasto	*a-ntipasto*		hors-d'œuvre
primo	*pRimo*	premier (plat)	entrées
secondo	*séko-ndo*	deuxième (plat)	plat principal
formaggio	*foRmadj-gi-o*		fromage
frutta	*fRout-ta*		fruits
dolce	*doltché*		dessert

Tous ces plats figurent au repas des grandes occasions. Mais d'ordinaire, un repas se compose simplement d'un **primo** et d'un **secondo**, suivis, au choix, de **formaggio**, **frutta** ou **dolce**. Même si les règles sont de moins en moins strictes, la politesse implique qu'au restaurant l'on prenne au moins deux plats (**primo** et **secondo** ou **secondo** et **dolce**, par exemple).

Un bon repas n'est pas complet sans le vin ! Amusez-vous à découvrir les vins d'Italie : les blancs, toujours à boire très frais, les rouges, plus forts. Nous vous conseillons aussi de goûter les **passiti** *pas-siti*, vins doux et sucrés : les Italiens les boivent en accompagnement des gâteaux. Nous vous indiquons, entre autres, **il passito di Pantelleria** *pas-sit-to di pa-ntél-léRi-a*, vins doux de la petite île au large des côtes siciliennes, **il vin santo** *il vi-n sa-nto*, vin de Toscane, **lo sciacchetrà** *chiak-kétRa*, vin des **Cinque Terre** en Ligurie.

Mi porta la carta dei vini?
mi poRta la kaRta dé-i vini
m'apporte la carte des vins
Pouvez-vous m'apporter la carte des vins ?

Mi consigli un buon vino rosso!
mi ko-nsilyi-i ou-n bou-o-n vino Ros-so
me conseille un bon vin rouge
Conseillez-moi un bon vin rouge !

Mi porta una brocca di bianco della casa?
mi poRta ouna bRok-ka di bi-a-nko dél-la kaza
m'apporte un pichet de blanc de-la maison
Vous m'apportez un pichet de vin blanc maison ?

L'eau, toujours en bouteille, doit être commandée.

Mi porta una bottiglia d'acqua gasata/non gasata?
mi poRta ouna bot-tilyi-a d'akwa gazata / no-n gazata
me porte une bouteille d'eau gazeuse / non gazeuse
Vous m'apportez une bouteille d'eau minérale gazeuse / plate ?

una minerale/naturale
ouna minéRalé / natouRalé
une minérale / naturelle
une bouteille d'eau minérale/naturelle

Les Italiens aiment le **pane** *pa-né, pain,* et en mangent vraiment beaucoup. Le pain vous attend sur la table et il est toujours compris dans le service.

Posso avere ancora un po' di pane per favore?
pos-so avéRé a-nkoRa ou-n po di pané péR favoRé
Puis-je avoir encore un peu de pain, s'il vous plaît ?

Può portarmi qualche grissino?
pou-o poRtaRmi kwalké gRis-sino
peut porter-me quelque gressin
Pouvez-vous m'apporter quelques gressins ?

Lisons maintenant un menu :

C'è un menu fisso?
tch'è ou-n ménou fis-so
Il y a un menu fixe ?

Scegliamo tra i piatti alla carta.
chélyi-amo tRa i pi-at-ti al-la kaRta
Nous choisissons parmi les plats à la carte.

• Gli antipasti – *Les hors-d'œuvre*

gli antipasti di terra
lyi a-ntipasti di téR-Ra
les hors-d'œuvre de terre
(en général, charcuterie)

gli antipasti di mare
lyi a-ntipasti di maRé
les hors-d'œuvre de mer
(poisson et fruits de mer)

l'antipasto della casa
l'a-ntipasto dél-la kaza
le hors-d'œuvre maison

• I primi – *Les entrées*

Cosa gradisce come primo?
koza gRadiché komé pRimo
chose aime comme premier
Qu'est-ce que vous désirez comme entrée ?

Vous pouvez choisir parmi les pâtes, les soupes et le riz.

• La pasta – *Les pâtes*

Vous savez déjà que les Italiens aiment les pâtes et les cuisinent de mille et une façons. Notez une fois pour toutes que "les" pâtes sont toujours au singulier : **la pasta** *la pasta*.

Vorrei una pasta al ragù.
voR-Rè-i ouna pasta al Ragou
Je voudrais des pâtes au "ragù"*.

* sauce à base de viande et tomates, typique de Bologne

Prendo una pasta alla carbonara.
pRè-ndo ouna pasta al-la kaRbonaRa
Je prends des pâtes à la "carbonara"*.

* au lard grillé et aux œufs, typique des Apennins

Per me, una pasta alle vongole.
péR mé ouna pasta al-lé vo-ngolé
Pour moi, des pâtes aux palourdes.

Per lei, gli spaghetti allo scoglio?
péR lè-i lyi spaguét-ti al-lo skolyi-o
Pour vous, les spaghettis au récif ?
(au mélange de coquillages)

En règle générale, les Italiens aiment manger les pâtes **al dente** *al dé-nté*, et **la pasta scotta** *la pasta skot-ta*, *les pâtes trop cuites*, sont bel et bien jugées comme une erreur grave dont il convient de s'excuser.

• Le zuppe / Le minestre – *Les potages*

passato *pas-sato*	velouté
minestroni *mi-néstRoni*	bouillon avec légumes et pâtes
la zuppa di pesce *la dsoup-pa di péché*	la soupe de poissons
il passato di zucca *il pas-sato di dsouk-ka*	le velouté de potiron
il minestrone di verdura *il mi-néstRoné di véRdouRa*	le "minestrone" aux légumes

Le **brodo** est le bouillon que vous pouvez agrémenter de petites pâtes :

i cappelletti in brodo
i kap-pél-lét-ti i-n bRodo
(une espèce de raviolis) dans le bouillon

N'omettez pas de goûter les **risotti** *Risot-ti, risottos* :

il risotto alla milanese
il Rizot-to al-la milanézé
le risotto à la milanaise

il risotto al nero di seppia
il Rizot-to al néRo di sép-pi-a
le risotto au noir de sépia
le risotto à l'encre (de seiche)

Et régalez-vous enfin des véritables **lasagne**, **gnocchi**, **ravioli**… vous serez agréablement surpris !

• I secondi – *Les plats de résistance*

Cosa vuole di secondo?
koza vou-olé di séko-ndo
chose voulez de deuxième
Que voulez-vous comme plat principal ?

I secondi peuvent être de deux sortes :

secondo di carne/pesce
séko-ndo di kaRné / péché
deuxième de viande / poisson
plat de viande/poisson

Ce livre est trop petit pour vous détailler les mille et une façons de cuisiner la viande et le poisson : chaque région a sa cuisine et ses secrets ; à vous de les découvrir.

la tagliata di manzo *la talyi-ata di ma-ndzo*	(bifteck) de bœuf

la bistecca di maiale *la bistèk-ka di ma-i-alé*	la côte de porc
l'arrosto *l'aR-Rosto*	le rôti
lo stufato *lo stoufato*	viande cuite à l'étouffée
la frittura mista / il fritto *la fRit-touRa mista / il fRit-to*	la petite friture de poissons
il polpo alla genovese *il polpo al-la djénovézé*	le poulpe à la génoise (avec pommes de terre et persil)
le cozze alla marinara *le kodz-zé al-la maRinaRa*	les moules marinière
le seppie/la bistecca ai ferri *lé sép-pi-é / la bisték-ka a-i fèR-Ri*	les sèches/le bifteck passé(es) au gril
il pesce/la carne in umido *il péché / la kaRné i-n oumido* (le poisson / la viande en humide)	le poisson/la viande avec une sauce de tomate et ail
la scaloppina *la skalop-pi-na*	l'escalope
la gallina ripiena *la gal-lina Ripi-éna*	la poule farcie

En règle générale, l'accompagnement n'est pas compris dans le plat principal, mais dans le menu, vous trouverez une rubrique entièrement consacrée aux **contorni** *ko-ntoRni, accompagnements.*

Il est encore de coutume, surtout au Nord, d'accompagner la viande – mais aussi le poisson, sur la côte adriatique par de **la polenta** *polé-nta*, semoule cuite sur le feu sans jamais cesser de la remuer. Selon les régions, elle est très différente : blanche et molle ou jaune et dure. Si vous allez skier au nord de la Lombardie, demandez une **polenta taragna** *polé-nta taRagn-a*, faite de farine de blé noir, cuite avec du fromage, de la sauge et du beurre.

Pour ceux qui n'aiment ni la viande ni le poisson, il reste d'autres choix :

la parmigiana*
la paRmidjana
(lasagne d'aubergines)
* typique de Sicile

la polenta con i funghi
la polé-nta ko-n i fou-ngu-i
(semoule de farine avec champignons, souvent des cèpes)

la frittata
la fRit-tata
l'omelette

un'insalatona
ou-n'i-nsalato-na
une grande-salade
une salade composée

le uova al tegamino / all'occhio di bue
lé ou-ova al téga-mi-no / al-l'ok-ki-o di bou-é
les œufs dans-une petite-poêle / à-l'œil de bœuf
les œufs sur le plat

Vous pouvez également chercher un **ristorante vegetariano** *RistoRa-nté védjétaRi-a-no, restaurant végétarien.*

• I contorni – *Les accompagnements*

Gradisce un contorno?
gRadiché ou-n ko-ntoRno
Voulez-vous un accompagnement ?

Vous pouvez choisir parmi différents légumes cuits selon différentes façons :

le verdure alla griglia *lé véRdouRé al-la gRilyi-a*	les légumes cuits sur le gril
le melanzane alla romana *lé méla-ndsané al-la Romana*	les aubergines à la romaine
le zucchine ripiene *lé dsouk-kiné Rip-i-èné*	les courgettes farcies
i peperoni grigliati *i pépéRoni gRilyi-ati*	les poivrons grillés

la zucca al rosmarino *la dsouk-ka al RosmaRino*	la citrouille au romarin
gli spinaci al burro *lyi spinatchi al bouR-Ro*	les épinards au beurre
la caponata *la kaponata*	la "caponata"
i finocchi gratinati *i fi-nok-ki gRatinati*	le gratin de fenouils
le patate bollite *lé patatè bol-lité*	les pommes de terre bouillies
le patatine fritte *lé patatiné fRit-té*	les frites
l'insalata verde/mista *l'i-nsalata véRdé / mista*	la salade verte/variée
i pomodori *i pomodoRi*	les tomates

• I formaggi – *Les fromages*

Le fromage italien le plus connu au monde est **il parmigiano** *il paR-midjano, le parmesan* ; n'oubliez pas les autres, aussi savoureux :

la mozzarella (di bufala) *la modz-zaRèl-la (di boufala)*	la "mozzarella" (au lait de buffle)
la ricotta *la Rikot-ta*	la "ricotta"
la formaggella *la foRmadj-gèl-la*	fromage dur et savoureux
il gorgonzola *il goRg-o-ndzola*	espèce de bleu
il caprino *il kapRino*	fromage de chèvre

• La frutta – *Les fruits*

le arance della Sicilia *lé aRa-ntché dél-la sitchili-a*	les oranges de Sicile
le mele del Trentino-Alto Adige *lé mélé dél tRé-ntino alto adidjé*	les pommes du Trentin-Haut-Adige

l'anguria / il cocomero* *l'a-ngouRi-a / il kokoméRo*	la pastèque
il melone *il méloné*	le melon
la pera *la péRa*	la poire
i mirtilli *i miRtil-li*	les myrtilles
le more *lé moRé*	les mûres
i fichi / i fichi d'india *i fiki / i fiki d'i-ndi-a*	les figues / les figues de Barbarie
i frutti di bosco *i fRout-ti di bosko*	les fruits rouges
i lamponi *i la-mponi*	les framboises
le fragole *lé fRagolé*	les fraises

* En été, vous pourrez vous rafraîchir avec **una fetta d'anguria** *ouna fét-ta d'a-ngouRi-a, une tranche de pastèque,* en vous arrêtant sur le bord de la route.

• I dolci – *Les desserts*

Cosa vi porto come dolce?
koza vi poRto komé doltché
chose vous porte comme dessert
Qu'est-ce que je vous sers comme dessert ?

Cosa avete di buono come dolce?
koza avété di bou-ono komé doltché
chose avez de bon comme gâteau
Pouvez-vous me conseiller un bon gâteau ?

il tiramisù *il tiRamissou*	le "tiramisù"
la torta al cioccolato *la toRta al tchi-ok-kolato*	le gâteau au chocolat

la ciambella *la tcha-mbèl-la*	le savarin
la crostata di marmellata *la kRostata di maRmél-lata*	la tarte à la confiture
la cassata *la kas-sata*	la tranche napolitaine
i cannoli siciliani *i kan-noli sitchili-ani*	gâteaux de "ricotta" typiquement siciliens
il semifreddo *il sémifRèd-do*	le parfait
lo zabaione *lo dsabalyi-oné*	œufs battus avec du sucre et du Marsala

Après de tels repas, les Italiens boivent une liqueur pour digérer… et un **caffè** *kaf-fè, café,* pour ne pas s'endormir ! Il arrive souvent que la maison offre un **digestivo** *didjéstivo, digestif* ou un **amaro** *amaRo, amer…* ou autres liqueurs. Parmi les plus appréciées en Italie, nous vous signalons :

- **il limoncello** *il limo-ntchèl-lo* (liqueur à base de **limone** *limoné, citron*). Il est très à la mode et vous pourrez le trouver facilement partout, même si le meilleur reste celui du Sud.
- **il mirto** *il miRto* (liqueur à base de myrte, typique de la Sardaigne).
- Un alcool plus fort, mais tout aussi connu, est **la grappa** *gRap-pa* (eau-de-vie à base de raisin, pure ou aromatisée).

Retenez cette question, qui vous sera souvent posée dans le Nord :

Il caffè corretto o no?
il kaf-fè koR-Rèt-to o no
le café corrigé ou non
Le café, avec ou sans grappa ?

Vous avez tout en main, maintenant, pour vous débrouiller au mieux dans un bon restaurant. Si toutefois quelques points restent obscurs sur le menu, sachez demander…

Scusi avete un menu in francese?
skouzi avété ou-n ménou i-n fRa-ntchéze
Avez-vous un menu en français, s'il vous plaît ?

Cosa è questo piatto?
koza è kwèsto pi-at-to
Qu'est-ce que c'est, ce plat ?

Quali sono gli ingredienti di questo piatto?
kwali so-no lyi i-ngRédié-nti di kwésto pi-at-to
Quels sont les ingrédients de ce plat ?

Vorrei mangiare qualcosa di tipico, cosa mi consiglia?
voR-Rèi ma-ndjaRé kwalkoza di tipiko koza mi ko-nsilyi-a
Je voudrais manger quelque chose de typique, qu'est-ce que vous me conseillez ?

Un conseil : jetez toujours un coup d'œil aux rubriques :

piatti / specialità della casa
pi-at-ti / spétchalità dél-la kaza
plats / spécialités (de la) maison

piatti del giorno
pi-at-ti dél djoRno
plat du jour

• Si vous avez besoin de quelque chose…

Cameriere, per favore!
kaméRi-èRé péR favoRé
Garçon, s'il vous plaît !

Mi porta una forchetta / un coltello / un piatto / un bicchiere / le ampolline…?
mi poRta ouna foRkét-ta / ou-n coltèl-lo / ou-n piat-to / ou-n bik-kièRé / lé a-mpol-liné
Pouvez-vous m'apporter une fourchette / un couteau / une assiette / un verre / l'huile et le vinaigre… ?

Posso sapere la ricetta?
pos-so sapéRé la Ritchèt-ta
Puis-je avoir (savoir) la recette ?

È troppo piccante questo piatto, non riesco a mangiarlo!
è tRoppo pik-ka-nté kwésto pi-at-to n-on Ri-ésko a ma-ndjaRlo
C'est trop épicé, ce plat, je n'arrive pas à le manger !

È TROPPO PICCANTE.
(C'est trop épicé.)

Les compliments prodigués au chef lui feront toujours plaisir.

È buonissimo.
è bou-o-nis-simo
est très-très-bon
C'est très très bon.

Mi è piaciuto molto.
mi è pi-atchi-outo molto
m'a plu beaucoup
Ça m'a beaucoup plu.

Complimenti al cuoco!
ko-mplimé-nti al kou-oko
Félicitations au chef !

Ho mangiato molto bene, ma basta, grazie.
o ma-ndjato molto béné ma basta gRadsi-é
J'ai très bien mangé, mais ça suffit, merci.

BASTA, GRAZIE.
(Ça suffit, merci.)

L'addition

Cameriere, il conto per favore!
kaméRi-èRé il ko-nto péR favoRé
Garçon, l'addition, s'il vous plaît !

La mancia *la ma-ntcha, le pourboire*, est toujours bien apprécié, même s'il n'est pas obligatoire.

Il resto è per Lei.
il Rèsto è péR lè-i
le reste est pour Elle
Gardez la monnaie.

Une recette

Vous aurez l'occasion de constater que la cuisine italienne est souvent très simple, sa qualité et sa saveur étant dues à l'authenticité des produits employés. La simplicité faisant le charme de la cuisine italienne, voici le secret d'une excellente recette de pâtes.

La pasta all'aglio, olio e peperoncino
la pasta al-l'alyi-o oli-o é pépéRo-ntchino
Les pâtes à l'ail, à l'huile et au piment

Versate in una pentola dell'acqua e non dimenticatevi il sale grosso,
véRsaté i-n ouna pé-ntola dél-l'akwa é no-n dimé-ntikatévi il salé gRos-so
Versez de l'eau dans une casserole et n'oubliez pas le gros sel,

fate bollire l'acqua e gettate la pasta,
faté bol-liRé l'akwa é djét-taté la pasta
faites bouillir l'eau et jetez les pâtes,

prendete una padella e versateci dell'olio d'oliva,
pRé-ndété ouna padèl-la é véRsatétchi dél-l'oli-o d'oliva
prenez une poêle et versez de l'huile d'olive,

tagliate uno spicchio d'aglio e fatelo soffriggere insieme a un peperoncino tritato finemente,
talyi-até ouno spik-ki-o d'alyi-o é fatélo sof-fRidj-géRé i-nsi-émé a ou-n pépéRo-ntchi-no tRitato finémé-nté
coupez une gousse d'ail et faites-la revenir avec un piment haché finement,

quando la pasta sarà cotta – attenzione al tempo di cottura! – passatela nella padella,
kwa-ndo la pasta saRà kot-ta at-té-ndsi-oné al té-mpo di kot-touRa pas-satéla nél-la padèl-la
lorsque les pâtes sont cuites – attention au temps de cuisson ! – passez-les dans la poêle,

lasciate per qualche minuto sul fuoco, girando la pasta,
lachaté péR kwalké minouto soul fou-oko giRa-ndo la pasta
laissez quelques minutes sur le feu, en remuant les pâtes,

cospargete di prezzemolo.
kospaRdjété di pRédz-zé-molo
parsemez de persil.

Le petit-déjeuner

Si les Italiens sont gourmands, ils ne consacrent en revanche que peu de temps **alla colazione** *al-la koladsi-oné, au petit-déjeuner*. Ils se contentent en général d'un **caffè** ou d'un **caffelatte** *kaf-félat-tè, café au lait*, et de **qualche biscotto** *kwalké biskot-to, quelques biscuits* (litt. "quelque biscuit"). Bien sûr, dans les hôtels, vous trouverez tout ce que vous voudrez, même une **spremuta d'arancio** *spRé-mouta d'aRa-ntcho, une orange pressée* (litt. "pression d'orange").
Si vous préférez aller dans un café, prenez à tout prix un **cappuccino** *kap-poutch-cino, café crème* ; sa mousse vous surprendra.

LES ACHATS – AU MARCHÉ ET AU SUPERMARCHÉ

Allons d'abord faire un tour dans les marchés italiens, toujours très colorés, vivants et bruyants…

Vous pourrez vous confondre parmi les femmes venues **fare la spesa al mercato** *faRé la spéza al méRkato, faire les courses au marché*, mais ayez la prudence d'apprendre quelques mots pour capter l'attention des vendeurs derrière leurs **banchetti** *ba-nkét-ti, étals*. Vous devrez donner de la voix, car ils vocifèrent pour vous attirer vers leur produits

Pesce fresco!
péché fRèsko
Poisson frais !

Signore, signore venite a vedere!
signoRé signoRé vénité a védéRé
Mesdames, mesdames, venez voir !

Mandarini dolcissimi, 3 euro al kilo!
ma-ndaRini doltchis-simi tRé è-ouRo al kilo
mandarines doux-ssimes, trois euros au kilo
Mandarines très sucrées, trois euros le kilo !

Frutta bella, frutta buona!
fRout-ta bèl-la fRout-ta bou-ona
fruit belle, fruit bonne
[Ils sont] beaux, mes fruits, [Ils sont] bons, mes fruits !

Vous pourrez trouver des marchés spécialisés :

mercato del pesce / della frutta e della verdura
méRkato dél péché / dél-la fRout-ta é dél-la véRdouRa
marché au poisson / des fruits et légumes

Scusi vorrei un kilo di...
skouzi voR-Rè-i ou-n kilo di
S'il vous plaît, je voudrais un kilo de...

fagiolini	*fadjoli-ni*	haricots verts
fagioli	*fadjoli*	haricots
asparagi	*aspaRadji*	asperges
piselli	*pizèl-li*	petits pois

Per favore mi da mezzo kilo di...?
péR favoRé mi da mèdz-zo kilo di
S'il vous plaît, vous me donnez un demi-kilo de... ?

uva	*ouva*	raisin
albicocche	*albikok-ké*	abricots
ciliegie	*tchili-èdjé*	cerises
prugne	*pRougn-é*	prunes

N'oubliez pas les bonnes **spezie e erbe aromatiche** *spédsi-é é èRbe aRomatiké, épices et herbes* telles que :

il basilico	*il baziliko*	le basilic
il timo	*il timo*	le thym
l'origano	*l'oRigano*	l'origan
la salvia	*la salvi-a*	la sauge

Si le mot vous échappe…

> **Vorrei comprare un kilo di questo / di quello!**
> *voR-Rè-i ko-mpRaRé ou-n kilo di kwésto / di kwél-lo*
> Je voudrais acheter un kilo de ceci / de cela !

Souvent les vendeurs proposent de goûter la marchandise :

> **Assaggi che buono!**
> *as-sadj-gi ké bou-o-no*
> goûte que bon
> Goûtez comme c'est bon !

Sur les étals des **pescivendoli** *péchivé-ndoli, poissonniers*, vous verrez des poissons de mille sortes… Nous nous contentons ici de vous indiquer les plus courants :

la trota	*la tRota*	la truite
il tonno	*il ton-no*	le thon
il merluzzo	*il méRloudz-zo*	la morue
i gamberi	*i ga-mbéRi*	les homards

i gamberetti	*i ga-mbéRét-ti*	les petites crevettes
i gamberoni	*i ga-mbéRoni*	les grandes crevettes
l'aragosta	*l'aRagosta*	la langouste
gli scampi	*lyi ska-mpi*	les langoustines

Vous pouvez aussi choisir d'aller dans **un negozio di alimentari** *ou-n négodsi-o di alimé-ntaRi, un magasin d'alimentation.*

la panetteria	*il panét-téRi-a*	la boulangerie
la macelleria	*la matchél-léRi-a*	la boucherie
il pescivendolo	*il pechivé-ndolo*	le poissonnier
la drogheria	*la dRoguéRi-a*	l'épicerie
il fruttivendolo	*il fRout-tivé-ndolo*	le marchand de fruits et légumes
la salumeria	*la saloumé Ri-a*	la charcuterie
la latteria	*la lat-téRi-a*	la crèmerie
la rosticceria	*la Rostitch-céRi-a*	la rôtisserie
la pasticceria	*la pastich-céRi-a*	la pâtisserie
il supermercato	*il soupéRméRkato*	le supermarché

Parmi la charcuterie digne d'être goûtée, ne manquez pas d'essayer :

il salame	*il salamé*	le salami
la mortadella	*la moRtadèl-la*	la mortadelle
la pancetta	*la pa-ntchét-ta*	le lard
la bresaola	*la bRézaola*	viande séchée de bœuf
la salsiccia	*la salsitch-ci-a*	la saucisse
il prosciutto crudo/cotto	*il pRochout-to kRoudo/kot-to*	le jambon cru/cuit
lo speck	*lo spèk*	le jambon fumé

Gianni vient d'entrer dans une épicerie :

Buongiorno, mi scusi, vende anche caramelle?
bou-o-ndjoRno mi skouzi vè-nde a-nké kaRamèl-lé
Bonjour, excusez-moi, vous vendez aussi des bonbons ?

Certo Signore. Vendiamo caramelle sfuse o già confezionate.
tchèRto signoRé vé-ndi-amo kaRamèl-lé sfouze o dja ko-nfédsi-o-naté
bien sûr monsieur - vendons bonbons fondues ou déjà emballées.
Mais bien sûr, monsieur, nous vendons des bonbons au détail ou en paquets.

Tenga, provi una gelatina. È la nostra specialità.
tè-nga pRovi ouna djélati-na è la nostRa spétchalita
Tenez, goûtez un bonbon gélifié. C'est notre spécialité.

Che buona! Ne compro qualcuna.
ké bou-o-na né ko-mpRo kwalkouna
que bonne - en achète quelqu'une
C'est bon ! J'en achète quelques-uns.

Quante ne vuole?
kwa-nté né vou-olé
combien en veut
Combien en voulez-vous ?

Un etto, grazie. Cosa le devo?
ou-n èt-to gRadsi-é koza lé dévo
un hecto merci - chose à-elle dois
Cent grammes, merci. Combien je vous dois ?

3 euro, grazie.
tRé è-ouRo gRadsi-è
trois euros merci
Trois euros, s'il vous plaît.

DANS LES MAGASINS D'HABILLEMENT ET D'ARTISANAT

Et maintenant, **andiamo in giro per negozi** *a-ndi-amo i-n djiRo péR négodsi, allons faire un tour dans les magasins.* Il est bon de savoir que les boutiques peuvent fermer pendant la pause du déjeuner : le temps de la pause est variable et peut s'avérer un peu long, notamment en été lorsqu'il fait très chaud. Tous les magasins ferment un jour par semaine, le jour variant selon les provinces et les activités.

Comme vous pouvez l'imaginer, il y a beaucoup de magasins, parmi lesquels :

> **negozi d'abbigliamento / di articoli regalo / di articoli per la casa**
> *négodsi d'ab-bilyi-a-mé-nto / di aRtikoli Régalo / di aRtikoli péR la kaza*
> magasins de confection / de cadeaux / d'articles pour la maison

N'oubliez pas les belles **ceramiche** *tchéRamiké, céramiques* de **Faenza** ou du **Sud**, les **oggetti di vetro** *odj-gét-ti di vétRo, objets en verre,* confectionnés à **Murano** (petite île en face de Venise), etc.

> **Dove posso trovare degli oggetti d'artigianato?**
> *dové pos-so tRovaRé délyi odj-gét-ti d'aRtidjanato*
> Où puis-je trouver des objets d'artisanat ?

La **moda** *moda, mode,* italienne est connue partout dans le monde, et cela vaut vraiment la peine de faire un tour dans les **negozi d'abbigliamento** *négodsi d'ab-bilyi-amé-nto, magasins de confection.*

Sachez aussi qu'on produit de la belle **seta** *séta, soie,* au Nord de l'Italie et que, dans plusieurs régions, on travaille le **cuoio** *kou-o-io, cuir.*

Voici maintenant un peu de vocabulaire :

la camicia	*la kamitchi-a*	la chemise
la maglietta	*la malyiét-ta*	le tee-shirt
il maglione	*il malyi-oné*	le pull
la gonna	*la go-n-na*	la jupe
i pantaloni	*i pa-ntaloni*	le pantalon
la giacca	*la djak-ka*	la veste
l'abito / il vestito da ballo	*l'abito / il véstito da bal-lo*	la robe de cocktail
l'abito / il vestito scuro	*l'abito / il véstito skouRo*	le costume sombre
gli abiti / i vestiti	*lyi abiti / i véstiti*	les vêtements
il cappotto	*il kap-pot-to*	le manteau
il giaccone	*il gi-ak-koné*	le blouson
l'impermeabile	*l'i-mpéRmé-abilé*	l'imperméable
la sciarpa	*la chi-aRpa*	l'écharpe
i guanti	*i goua-nti*	les gants
il cappello / il berretto	*il kap-pèl-lo / il béR-Rét-to*	le chapeau / le bonnet
da uomo	*da ou-omo*	pour homme
da donna	*da do-n-na*	pour femme
a mezze maniche / a maniche corte	*a mèdz-zé maniké / a maniké koRté*	à manches courtes
a maniche lunghe	*a maniké lou-ngué*	à manches longues
a collo alto	*a kol-lo alto*	à col roulé (à col haut)
a girocollo	*a djiRokol-lo*	ras de cou (à tour-col)
i gemelli (les jumeaux)	*i gémèl-li*	twin-set (pour femme) ; les boutons de manchette (pour homme)

da sera	**sportivo**	**da montagna**
da séRa	*spoRtivo*	*da mo-ntagn-a*
du soir	sportif	pour la montagne

Pour les tailles, reportez-vous au chapitre ***Poids et mesures***, en page 54.

Céline entre dans une boutique pour regarder :

Céline : **Buongiorno posso dare un'occhiata?**
bou-o-ndjoRno pos-so daRé ou-n'ok-ki-ata
Bonjour, puis-je jeter un coup d'œil ?

Vendeuse : **Prego! Se ha bisogno di aiuto mi chiami.**
pRégo sé a bizogn-o di a-i-outo mi ki-ami
prie - si a besoin d'aide m'appelle
Je vous en prie, si vous avez besoin d'aide, appelez-moi.

Céline : **Grazie!... scusi, posso provare questa camicia?**
gRadsi-é skouzi pos-so pRovaRé kwésta kamitcha
Merci... s'il vous plaît, puis-je essayer cette chemise ?

Vendeuse : **Che taglia porta?**
ké talyi-a poRta
que taille porte
En quelle taille ?

Céline : **Non so... in Italia credo la 42.**
no-n so i-n italia kRédo la kwaRa-ntadou-é
Je ne sais pas... en Italie je crois que c'est un 42.

Vendeuse : **Tenga… là c'è il camerino!**
tè-nga la tch'è il kaméRino
tenez… là-bas y-est le petit-chambre
Tenez… il y a la cabine d'essayage là-bas.

Céline : **Grazie!… Mi sembra un po' troppo grande. C'è la taglia più piccola?**
gRadsi-é mi sé-mbRa ou-n po tRop-po gRa-ndé tch'è la talyi-a pi-ou pik-kola
Merci ! Elle me semble un peu trop grande.
Vous avez la taille en dessous ?

Vendeuse : **Eccola!**
èk-kola
La voilà !

Céline : **… questa mi è troppo stretta.**
kwésta mi è tRop-po stRét-ta
… celle-ci m'est trop serrée.

Vendeuse : **Provi quest'altro modello!**
pRovi kwést'altRo modèl-lo
Essayez cet autre modèle !

Céline : **… questo modello mi va benissimo.**
kwésto modèl-lo mi va bénis-simo
… ce modèle me va très bien.

Peut-être aurez-vous aussi envie de chaussures ou d'autres accessoires :

le scarpe	*lé skaRpé*	les chaussures
con il tacco	*ko-n il tak-ko*	à talon
gli stivali	*lyi stivali*	les bottes
i sandali	*i sa-ndali*	les sandales
gli zoccoli	*lyi zok-koli*	les sabots
di cuoio / di pelle	*di kou-o-i-o / di pèl-lé*	en cuir

di vernice *di véRnitché*	vernis / vernies (de vernis)
le scarpe da ginnastica *lé skaRpé da dji-n-nastika*	les baskets (les chaussures de gymnastique)
la borsa / la borsetta *la boRsa / la boRsét-ta*	le sac / le sac à main
a tracolla *a tRakol-la*	en bandoulière
a mano *a mano*	à main
la cintura *la tchi-ntouRa*	la ceinture
l'ombrello *l'o-mbRèl-lo*	le parapluie
pieghevole *pi-éguévolé*	pliable
i gioielli *i djo-i-èl-li*	les bijoux
la bigiotteria *la bidjot-téRi-a*	les bijoux fantaisie
la collana *la kol-la-na*	le collier
il bracciale/il braccialetto *il bRatch-ci-alé / il bRatch-ci-alét-to*	le bracelet
l'anello (m.) *l'anèl-lo*	la bague
gli orecchini *lyi oRék-kini*	les boucles d'oreilles
il ciondolo *il tcho-ndolo*	le pendentif
il reggiseno / le mutande *il Rédj-gi-séno / lé mouta-nde*	le soutien-gorge / les slips
la biancheria intima *la bi-a-nkéRi-a i-ntima*	la lingerie
le calze / i calzini *lé kalds-è / i kaldsini*	les bas / les chaussettes

Pour les pointures des chaussures, voyez le chapitre ***Poids et mesures*** en page 54.

Quelques expressions pour vous débrouiller au mieux dans vos essayages :

In che colori c'è questo modello?
i-n ké koloRi tch'è kwésto modèl-lo
Ce modèle existe en quelles couleurs ?

Non è la mia misura.
no-n è la mi-a mizouRa
ne-pas est la ma mesure
Ce n'est pas ma taille / ma pointure.

Non mi sta bene.
no-n mi sta bé-né
ne-pas me reste bien
Ça ne me va pas.

Quanto costa?
kwa-nto kosta
combien coûte
Combien ça coûte ?

Può farmi un po' di sconto?
pou-o faRmi ou-n po di sko-nto
peut faire-moi un peu de rabais
Pouvez-vous me faire un prix ?

È troppo caro!
è tRop-po kaRo
C'est trop cher !

Quando cominciano i saldi?
kwa-ndo komi-ntchano i saldi
Quand commencent les soldes ?

Vous pourrez aussi chercher :

una tabaccheria	*ouna tabak-kéRi-a*	un bureau de tabac
le sigarette	*lé sigaRét-tè*	les cigarettes
il francobollo	*il fRa-nkobol-lo*	le timbre
la pipa	*la pipa*	la pipe
l'accendino	*l'atch-cé-ndino*	le briquet
una cartoleria	*ouna kaRtoléRi-a*	une papeterie
il quaderno	*Il kwadèRno*	le cahier
la penna	*la pèn-na*	le stylo
la matita	*la matita*	le crayon
la busta	*la bousta*	l'enveloppe

Che tempo farà domani?
ké tè-mpo faRa domani
que temps fera demain
Quel est le temps prévu pour demain ?

È previsto brutto tempo/bel tempo.
è pRèvisto bRout-to tè-mpo / bèl tè-mpo
est prévu laid temps / beau temps
On prévoit du mauvais temps/du beau temps.

Fa bello.
fa bèl-lo
Il fait beau.

C'è il sole.
tch'è il solé
Il y a du soleil.

C'è la nebbia.
tch'è la néb-bi-a
Il y a du brouillard.

Piove.
pi-ové
Il pleut.

Nevica.
névika
Il neige.

C'è un sole che spacca le pietre.
tch'è ou-n solé ké spak-ka le pi-étRé
y-est un soleil qui casse les pierres
Il fait un soleil de plomb.

Piove a dirotto.
pi-ové a diRot-to
Il pleut à torrents.

C'è vento forte.
tch'è vé-nto foRté
y-est vent fort
Il y a beaucoup de vent.

Che temperatura c'è oggi?
ké té-mpéRatouRa tch'è odj-gi
que température y-est aujourd'hui
Quelle température fait-il aujourd'hui ?

Ci sono 25 gradi.
tchi sono vé-ntitchi-nkwé gRadi
y-sont vingt-cinq degrés
Il fait 25 degrés.

C'è un caldo da morire.
tch'è ou-n kaldo da moRiRé
y-est un chaud de mourir
Il fait une chaleur à crever.

C'è un freddo cane.
tch'è ou-n fRèd-do kané
y-est un froid chien
Il fait un froid de canard.

Fa freddo.
fa fRèd-do
fait froid
Il fait froid.

Si gela.
si djéla
On gèle.

Si soffoca.
si sof-foka
On étouffe.

Attenzione, c'è la strada bagnata/gelata.
at-té-ndsi-oné tch'è la stRada bagn-ata / djélata
attention, y-est la route mouillée / gelée
Attention, la route est mouillée/gelée.

Possono esserci banchi di nebbia.
pos-sono ès-seRtchi ba-nki di néb-bi-a
peuvent être-y bancs de brouillard
Il peut y avoir des bancs de brouillard.

LES JOURNAUX

Si vous souhaitez vous plonger dans la vie du pays, peut-être achèterez-vous des journaux.
Vous devrez donc repérer **un'edicola** *ou-n'édikola, un kiosque à journaux*, où vous trouverez beaucoup de **testate** *téstaté, titres* (litt. "coups-de-tête").

Tous les journaux sortent le matin. Voici les titres des journaux les plus vendus, ainsi que quelques mots utiles :

La Repubblica
la Répoub-blika

Il Corriere della Sera
il koR-Ri-èRé dél-la séRa

La Stampa
la sta-mpa

Et si vous aimez le sport, n'oubliez pas **La Gazzetta dello sport** *la gadz-zét-ta dél-lo spoRt*, qui se distingue par la couleur rose de ses pages.

la prima pagina
la pRima padjina
la première page
la une

una notizia che è in prima pagina su tutti i giornali
ouna notidsi-a ké è i-n pRima padjina sou tout-ti i djoRnali
une nouvelle qui est en première page sur tous les journaux
une nouvelle à la une de tous les journaux

articolo di fondo / di cronaca
aRtikolo di fo-ndo / di kRo-naka
article de fond / de chronique
article de fond / fait divers

inserto
i-nsèRto
supplément

ho letto sul giornale
o lèt-to soul djoRnalé
ai lu sur le journal
j'ai lu dans le journal

un quotidiano locale
ou-n kwotidi-a-no lokalé
un quotidien local

un settimanale
ou-n sét-timanalé
un hebdomadaire

una rivista
ouna Rivista
une revue

PRENDRE DES PHOTOS

Le **paesaggio** *paézadj-gi-o, paysage* d'Italie vous donnera envie de prendre beaucoup de photos. Si vous voulez prendre quelqu'un en photo, il vaut toujours mieux lui demander son consentement... Sachez comprendre les moments où les appareils photo, tout comme les caméras et autres camé-scopes, sont indésirables !

Scusi, posso farle una foto(grafia)?
skouzi pos-so faRlé ouna foto
excusez, peux faire-à-elle une photo(graphie)
Svp, puis-je vous prendre en photo ?

Scusi, posso fotografare la sua casa?
skouzi pos-so fotogRafaRé la sou-a kaza
excusez, peux photographier la sa maison
Excusez-moi, puis-je photographier votre maison ?

Scusi, ci fa una foto? Per scattare, schiacci qui!
skouzi tchi fa ouna foto péR skat-taRé ski-atch-ci kwi
excusez, nous fait une photo - pour déclencher, pousse ici
Svp, pourriez-vous nous prendre en photo ? Pour déclencher, appuyez ici !

Vorrei fare una foto di gruppo.
VoR-Rè-i faré ouna foto di group-po
Je voudrais faire une photo de groupe.

VORREI FARE UNA FOTO DI GRUPPO.
(Je voudrais faire une photo de groupe.)

Chez un **fotografo** *fotografo, magasin de photos* ou *photographe* :

Scusi, mi serve un/una...
skouzi mi sèRvé ou-n ouna
excusez, me sert un / une
Svp, j'ai besoin d'un/une...

Scusi, la mia macchina non funziona più, può aiutarmi?
skouzi la mi-a mak-kina no-n fou-ndsi-ona pi-ou pou-o a-i-outaRmi
excusez, la ma machine ne fonctionne plus, peut aider-moi
Excusez-moi, mon appareil ne marche plus, pourriez-vous m'aider ?

Un peu de vocabulaire :

la macchina fotografica (digitale) *la mak-kina fotogRafika (didjitalé)*	l'appareil photo (numérique)
la telecamera *la télékaméRa*	le caméscope
la pellicola, il rullino *la pél-likola il Rul-lino*	la pellicule, le rouleau
~ a colori *a koloRi*	~ couleurs
~ in bianco e nero *i-n bi-a-nko é néRo*	~ noir et blanc
~ per diapositive *péR di-apozitivé*	~ pour diapositives
la pila / la batteria *la pila / la bat-téRi-a*	la pile / la batterie
la lampadina del flash *la la-mpadina dél fléch*	l'ampoule de flash
l'obbiettivo *l'ob-bi-ét-tivo*	l'objectif
scattare una foto *skat-taRé ouna foto*	prendre une photo
la foto tessera *la foto tès-séRa*	la photo d'identité

ACHETER DES BILLETS

En Italie, riche de musées et de festivals, vous aurez l'occasion d'acheter des billets de toutes sortes…
Voici quelques phrases qui ne vous seront pas inutiles :

Vorrei due posti per lo spettacolo di questa sera.
voR-Rè-i dou-é posti péR lo spét-takolo di kwésta séRa
voudrais deux lieux pour le spectacle de cette soir
Je voudrais deux places pour le spectacle de ce soir.

È tutto completo/pieno.
è tout-to ko-mplèto / pi-èno
est tout complet / plein
C'est complet.

Un biglietto intero e uno ridotto per la mostra di…
ou-n bilyi-ét-to i-ntéRo é ouno Ridot-to péR la mostRa di
Un billet plein tarif et un à tarif réduit pour l'exposition de…

C'è una qualche riduzione?
tch'è ouna kwalké Ridoudsi-o-né
y-est une quelque réduction
Y a-t-il une possibilité de réduction ?

L'ADMINISTRATION

Nous vous souhaitons de ne pas avoir à consacrer trop de temps aux démarches administratives… Si malgré tout, vous devez affronter ces tracas, voici un peu de vocabulaire utile :

Dov'è …
dov'è
Où est…

l'ambasciata	*l'a-mbachata*	l'ambassade
il consolato	*il ko-nsolato*	le consulat

il municipio / il comune	*il mounitchipi-o / il ko-mouné*	la mairie
la prefettura	*la pRéfét-touRa*	la préfecture

Vorrei parlare con...
voR-Rè-i paRlaRé ko-n
Je voudrais parler avec...

il sindaco	*il si-ndako*	le maire
il prefetto	*il pRéfèt-to*	le préfet
l'impiegato	*l'i-mpiégato*	l'employé

Ho bisogno di...
o bizogn-o di
J'ai besoin de...

un'autorizzazione urgente
oun'a-outoRidz-zadsi-oné ouRgè-nté
une autorisation urgente

un documento
ou-n dokoumé-nto
un papier d'identité

Quali documenti servono per...?
kwali dokoumé-nti séRvono péR
quels documents servent pour
Il faut quels papiers pour... ?

A che ora apre l'ufficio?
a ké oRa apRé l'ouf-fitch-ci-o
À quelle heure ouvre le bureau ?

A chi posso chiedere?
a ki pos-so ki-édéRé
à qui peux demander
Où peut-on se renseigner ?

Orario di apertura / di chiusura
oRaRi-o di apéRtouRa / di ki-ouzouRa
Horaires d'ouverture / de fermeture

Au commissariat

L'une des choses les plus ennuyeuses en voyage est de se faire voler ou de perdre son sac à main… essayons donc de vous rendre les choses plus faciles.
Trouvez le **commissariato** *kom-mis-saRi-ato, commissariat,* ou un **posto di polizia** *posto di polidsi-a, poste de police,* pour faire une **denuncia di furto / di smarrimento** *dé-nou-ntcha di fouRto / di smaR-Rimé-nto, déclaration de vol / de perte.*

Mi hanno rubato la borsa.
mi a-n-no Roubato la boRsa
me ont volé la sac.
On m'a volé mon sac à main.

Ho perso il mio borsellino.
o pèRso il mi-o boRsél-lino
J'ai perdu mon porte-monnaie

Le consiglio di bloccare la sua carta di credito.
lé ko-nsilyi-o di blok-kaRé la sou-a kaRta di kRédito
à-Elle conseille de stopper la sa carte de crédit
Je vous conseille de faire opposition sur votre carte.

deposizione	*dépozidsi-oné*	déposition
verbale	*veRbalé*	procès-verbal
il furto	*il fouRto*	le vol
il ladro	*il ladRo*	le voleur
lo stupro	*lo stoupRo*	le viol
l'aggressore	*l'aggRés-soRé*	l'agresseur
rubare	*RoubaRé*	voler
violentare	*vi-olé-ntaRé*	violer

Remplir un formulaire

Vous serez souvent appelé à remplir un **modulo** *modoulo, formulaire* :

Prego, riempia questo modulo!
pRègo Ri-è-mpi-a kwésto modoulo
prie, que-remplisse ce formulaire
Veuillez remplir ce formulaire.

Mi aiuta a compilare questo modulo, per favore?
mi a-i-outa a ko-mpilaRé kwésto modoulo péR favoRé
m'aide à remplir ce formulaire, pour faveur
Pouvez-vous m'aider à remplir ce formulaire, s'il vous plaît ?

il cognome / il nome	le nom de famille / le prénom
la data di nascita	la date de naissance
il luogo di nascita	le lieu de naissance
l'età	l'âge
la nazionalità	la nationalité
la città, lo stato	la ville, l'État
lo stato civile	la situation de famille
la professione	la profession
il passaporto, il numero	le passeport, le numéro
la carta d'identità	la carte d'identité
la patente	le permis de conduire
in fede	lu et approuvé
la firma	la signature
la validità	la validité

Sans **luogo di soggiorno** *lou-ogo di sodj-gi-oRno, lieu de séjour*, indiquez "**di passaggio**" *di pas-sadj-gi-o, "de passage"*.

Sono francese/svizzero(-a)/belga/canadese.
sono fRa-ntchézé svidz-zéRo(-a) bèlga kanadézé
suis français / suisse / belge / canadien
Je suis français/e/suisse/belge/canadien/ne.

Les infractions

Attention ! Les contrôles sont de plus en plus stricts sur les limites de vitesse :

Non superare i limiti di velocità.
no-n supéRaRé i limiti di vélotchita
ne-pas dépasser les limites de vitesse
Il est interdit de dépasser les limites de vitesse.

I documenti della macchina, per favore.
i dokoumé-nti dél-la mak-kina péR favoRé
Les papiers de la voiture, s'il vous plaît.

il limite di velocità *il limité di vélotchita*	la limite de vitesse
il divieto di sorpasso *il divi-éto di soRpas-so*	l'interdiction de doubler (le défense de dépassement)
il libretto di circolazione *il libRét-to di tchiRkoladsi-oné*	la carte grise (le petit-livre de circulation)
l'assicurazione *l'as-sikouRadsi-oné*	l'assurance
prendere / pagare una multa *pRé-ndéRé / pagaRé ouna moulta*	prendre une amende / payer une amende

Souvenez-vous que :

Le cinture di sicurezza sono obbligatorie.
le tchi-ntouRé di sikouRèdz-za sono ob-bligatoRi-é
Les ceintures de sécurité sont obligatoires.

Et faites attention aux endroits où vous garez votre voiture…

divieto di sosta
divi-éto di sosta
défense d'arrêt
défense de stationner

zona disco
dsona disko
zone disque
zone bleue

À la banque

Les **banche** *ba-nké, banques,* sont ouvertes le matin, généralement de 8 h 30 à 13 h 30 et l'après-midi, de 15 h à 16 h. S'il est vrai que la carte de crédit est de plus en plus acceptée en Italie, elle ne l'est pas partout. Il vaut donc mieux avoir **dei soldi in tasca** *dé-i soldi i-n taska, de l'argent de poche,* et bien sûr un peu de **spiccioli** *spitch-ci-oli* (m. pl.), *de la monnaie.*

L'**euro** *è-ouRo, euro,* est désormais monnaie officielle… la **lira** *liRa, lire,* n'existe plus. Pour beaucoup d'entre vous, il n'y a plus aucun souci, mais pour les autres il faut encore changer de l'argent. Ne le changez surtout pas à la sauvette dans la rue, vous vous ferez TOUJOURS avoir !

Scusi dove posso cambiare i soldi?
skouzi dové pos-so ka-mbi-aRé i soldi
Svp, où puis-je changer de l'argent ?

C'è una banca a pochi passi o un ufficio di cambio all'incrocio.
tch'è ouna ba-nka a poki pas-si o ou-n ouf-fitcho di ka-mbi-o al-l'i-nkRotchi-o
y-est une banque à peu pas ou un bureau de change au-carrefour
Il y a une banque à quelques pas ou un bureau de change au carrefour.

i soldi contanti	*i soldi ko-nta-nti*	l'argent en espèces
la moneta	*la monéta*	la monnaie
la banconota	*la ba-nkonota*	le billet de banque

i dollari canadesi	*i dol-laRi kanadézi*	les dollars canadiens
i franchi svizzeri	*i fRa-nki svidz-zéRi*	les francs suisses

Vorrei avere un bonifico dal Canada.
voR-Rèi avéRé ou-n bonifiko dal kanada
voudrais avoir un virement de-le Canada
Je voudrais me faire virer de l'argent depuis le Canada.

Si rivolga all'ultimo sportello.
si Rivolga al-l'oultimo spoRtèl-lo
Adressez-vous au dernier guichet.

POSTES ET TÉLÉCOMMUNICATIONS

Le téléphone

Lorsqu'on voit à quel point les portables ont envahi toute l'Italie, on peut se demander comment faisaient les Italiens avant ?! Les **cellulari / telefonini** *tchél-loulaRi / téléfonini, portables*, sont aujourd'hui dans toutes les mains, et vous sourirez sans doute en entendant les conversations peu discrètes autour de vous. Quant aux **messaggi** *més-sadj-gi, textos*, ils sont désormais devenus un véritable moyen de communication.

Toutefois, si vous êtes un ennemi farouche du portable – ou que le vôtre ne fonctionne pas –, il vous faudra bien vous diriger vers une cabine ou vers un centre Telecom Italia. Vous trouverez également de plus en plus de centres Internet (cybercafés), où pour une somme forfaitaire, vous pourrez communiquer facilement et bon marché avec l'étranger.

Dove posso trovare…
dové pos-so tRovaRé
Où puis-je trouver…

una cabina telefonica *ouna kabina téléfonika*	une cabine téléphonique
un telefono pubblico *ou-n téléfono poub-bliko*	un téléphone public
un centro internet *ou-n tchè-ntRo i-ntéRnét*	un centre Internet

C'è un caffè internet?
tch'è ou-n kaf-fè i-ntéRnét
Il y a un cybercafé ?

Les téléphones publics marchent désormais tous par carte. Vous pouvez l'acheter dans les tabacs, les kiosques à journaux, ou les centres spécialisés.

telefonare	*téléfonaRé*	téléphoner
chiamare	*ki-a-maRé*	appeler
~ in Francia	*i-n fRa-ntchi-a*	~ en France
~ in Belgio	*i-n bèldjo*	~ en Belgique
~ in Canada	*i-n kanada*	~ au Canada
~ in Svizzera	*i-n svidz-zéRa*	~ en Suisse
~ in Lussemburgo	*i-n lous-sé-mbouRgo*	~ au Luxembourg

Scusi dove si può telefonare all'estero?
skouzi dové si pou-o téléfonaRé al-l'èstéRo
Excusez-moi, d'où peut-on téléphoner à l'étranger ?

Da qualsiasi cabina telefonica.
da kwalsi-azi kabina téléfonika
De n'importe quelle cabine téléphonique.

C'è una scheda telefonica per l'estero?
tch'è ouna skèda téléfonika péR l'èstéRo
Il y a une carte téléphonique pour l'étranger ?

DOVE SI PUÒ TELEFONARE ALL'ESTERO?

(D'où peut-on téléphoner à l'étranger ?)

Eccola, questa è la più conveniente.
èk-kola kwésta è la pi-ou ko-nvénié-nté
Voilà, celle-ci est la plus avantageuse.

Grazie. Devo fare lo zero-zero...?
gRadsi-è dévo faRé lo dséRo-dséRo
Merci. Je dois faire le zéro-zéro... ?

Sì, sì. Deve comporre il prefisso internazionale.
si si dévé ko-mpoR-Ré il pRéfis-so i-ntéRnadsi-o-nalé
Oui, oui. Vous devez composer l'indicatif international.

Scusi, invece, se cerco il numero di un amico italiano...
skouzi i-nvétché sé tchéRko il nouméRo di ou-n amiko itali-ano
Excusez-moi, en revanche, si je cherche le numéro d'un ami italien...

Può trovarlo sull'elenco telefonico o può chiamare il...
pou-o tRovaRlo soul-l'élè-nko téléfoniko o pou-o ki-amaRé il
peut trouver-le sur-le liste téléphonique et appeler le
Vous pouvez le trouver dans l'annuaire ou (vous pouvez) appeler le...

Pronto!
pRo-nto
prêt
Allô !

À la poste

Vous avez des cartes postales à envoyer...

Dove posso trovare...
dové pos-so tRovaRé
Où puis-je trouver...

... la posta?
la posta
... la poste ?

... la buca della lettere?
la bouka dél-lé lét-téRé
... la boîte des lettres
... la boîte aux lettres ?

Devo spedire/inviare...
dévo spédiRé / i-nvi-aRé
Je dois envoyer...

una lettera	*ouna lét-téRa*	une lettre
una cartolina	*ouna kaRtolina*	une carte postale
un pacco	*ou-n pak-ko*	un colis

Scusi mi da un francobollo per l'estero?
skouzi mi da ou-n fRa-nkobol-lo péR l'èstéRo
Svp, pouvez-vous me donner un timbre pour l'étranger ?

Io le consiglierei un francobollo di posta prioritaria... arriva più rapidamente.
io lé ko-nsilyi-éRèi ou-n fRa-nkobol-lo di posta pRi-oRitaRi-a aR-Riva pi-ou Rapidamé-nté
je à-elle conseillerais un timbre de poste prioritaire... arrive plus rapidement
Je vous conseillerais un timbre pour courrier prioritaire... c'est plus rapide.

PETITS ENNUIS DE SANTÉ

Souhaitons qu'il ne vous arrive pas de tomber **malati** *malati, malades* !... Néanmoins, voici quelques conseils pratiques :

• Avant de partir, n'oubliez pas de vous procurer, le cas échéant, auprès de votre caisse d'assurance maladie, les documents nécessaires qui, pendant votre séjour à l'étranger, remplaceront votre **tessera sanitaria** *tès-séRa sa-nitaRia, carte vitale* (en France) / *d'assurance maladie,* valable dans tous les hôpitaux publics italiens.

• En cas d'urgence, vous pouvez aller **al pronto soccorso** *al pRo-nto sok-koRso, aux urgences,* ou appeler au secours et demander de **chiamare un'ambulanza** *ki-amaRé ou-n'amboula-ndza, appeler une ambulance.*

• Autrement, cherchez une **farmacia** *faRmatchi-a, pharmacie* :

Non mi sento bene, credo di avere l'influenza.
no-n mi sé-nto bé-né cRédo di avéRé l'i-nfluè-ndza
Je ne me sens pas bien, je crois que j'ai la grippe.

Mi consiglia un buon medicinale?
mi ko-nsilyia ou-n b-ou-on méditchinalé
Pouvez-vous me conseiller un bon médicament ?

Ho la febbre alta, non mi sento per nulla bene.
o la fèb-bRé alta no-n mi sé-nto péR noul-la béné
ai la fièvre haute, ne-pas me sens pour rien bien
J'ai beaucoup de fièvre, je ne me sens pas bien du tout.

Avrei bisogno di vedere un medico, cosa devo fare?
avRèi bisogn-o di védéRé ou-n médiko koza dévo faRé
aurais besoin de voir un médecin, chose dois faire
J'aurais besoin de voir un médecin, que dois-je faire ?

Quelques indications :

– la **farmacia** est signalée par une croix verte ;
– les panneaux bleus avec un "H" blanc ou une croix rouge au milieu indiquent la direction de l'**ospedale** *ospédalé, hôpital.*

Décrire sa maladie

Che cosa si sente?
ké koza si sé-nté
que chose se sent
Qu'est-ce qui ne va pas ?

Sento male…
sé-nto malé
sens mal
J'ai mal…

alla testa	*al-la tèsta*	à la tête
al collo	*al kol-lo*	au cou
allo stomaco	*al-lo stomako*	à l'estomac
alla pancia	*al-la pa-ntchi-a*	au ventre
alla gamba	*al-la ga-mba*	à la jambe
al braccio	*al bRatch-ci-o*	au bras
al dente	*al dé-nté*	à la dent

Ho...	*o*	J'ai...
la diarrea	*la diaR-Ré-a*	la diarrhée
la nausea	*la na-ouzé-a*	la nausée
la tosse	*la tos-sé*	je tousse (la toux)
il raffreddore	*il Raf-fRéd-doRé*	un rhume

Mi prude.
mi pRoudé
me gratte
Ça me démange.

Mi ha punto un insetto.
mi ha pou-nto ou-n i-nsét-to
me a piqué un insecte
Un insecte m'a piqué/e.

Le diagnostic et le traitement

Cosa mi dice, dottore?
koza mi ditché dot-toRé
chose me dit, docteur
Qu'en pensez-vous, docteur ?

Non è grave.
no-n è gRavé
Ce n'est pas grave.

È una malattia contagiosa/pericolosa.
è ouna malat-ti-a ko-ntadjoza / péRikoloza
C'est une maladie contagieuse/dangereuse.

Il braccio è rotto, bisogna ingessare.
il bRatch-ci-o è Rot-to bizogn-a i-ndjés-saRé
Votre bras est cassé, il faut plâtrer.

Ha la pressione molto bassa/molto alta. La tengo in osservazione.
a la pRés-si-oné molto bas-sa / molto alta la tè-ngo i-n os-séRvadsi-oné
a la tension très basse / très haute - la garde en observation
Vous avez la tension très faible/très forte. Je vous garde en observation.

È una brutta ferita / scottatura / un brutto taglio.
è ou-na bRout-ta féRita / skot-tatouRa / ou-n bRout-to talyi-o
est une laide blessure / brûlure / un laid coupure
C'est une vilaine blessure/brûlure/coupure.

Le prescrivo…
lé pRéskRivo
à-Elle prescris
Je vous prescris…

delle iniezioni	*dél-lé i-ni-édsi-oni*	des piqûres
delle gocce	*dél-lé gotch-cé*	des gouttes
uno sciroppo	*ouno chiRop-po*	un sirop
un calmante	*ou-n kalma-nté*	un calmant
un disinfettante,	*ou-n disi-nfét-ta-nté*	un désinfectant,
le garze,	*lé gaRdsé*	les bandes,
e i cerotti	*é i tchéRot-ti*	et les sparadraps

Ecco la sua ricetta.
èk-ko la sou-a Ricthét-ta
Voici votre ordonnance.

Ha bisogno di un attestato per la mutua?
a bizogn-o di ou-n at-téstato péR la moutou-a
Avez-vous besoin d'un certificat pour votre mutuelle ?

TOILETTES & CO

En Italie, salle de bains et W.-C. ne font qu'un. Cette salle peut être appelée : **il bagno** *il bagn-o*, **il gabinetto** *il gabinét-to, les toilettes* ou, surtout dans des lieux publics, **les toilettes**.

Dov'è il bagno, per favore?
dov'è il bagn-o péR favoRé
où-est le bain, pour faveur
Où sont les toilettes, s'il vous plaît ?

C'è una camera con il bagno?
tch'è ouna kaméRa ko-n il bagn-o
y-est une chambre avec le bain
Il y a une chambre avec des toilettes ?

Non c'è l'acqua calda in bagno?
no-n tch'è l'akwa kalda i-n bagn-o
ne-pas y-est l'eau chaud dans bain
Il n'y a pas d'eau chaude dans la salle de bains ?

C'è un gabinetto pubblico qui vicino?
tch'è ou-n gabi-nét-to poub-bliko kwi vitchino
y-est un cabinet public ici à-côté
Y a-t-il des toilettes publiques près d'ici ?

Non c'è più carta igienica.
no-n tch'è pi-ou kaRta idj-ènika
ne-pas y-est plus papier hygiénique
Il n'y a plus de papier hygiénique.

Si può avere un po' di sapone?
si pou-o avéRé ou-n po di saponé
on peut avoir un peu de savon
Peut-on avoir un peu de savon ?

SI PUÒ AVERE UN PO' DI SAPONE?
(Peut-on avoir un peu de savon ?)

Vietato l'uso di bagnoschiuma o di shampoo sotto le docce della spiaggia.
vi-étato l'ouzo di bagn-oski-ouma o di cha-mpo sot-to le dotch-cé dél-la spi-adj-gi-a
défendu l'usage de bain-mousse ou de shampoing sous les douches de-la plage
Il est interdit d'utiliser du savon ou du shampooing dans les douches de la plage.

Lo scarico non funziona.
lo skaRiko no-n fou-ndsi-ona
le décharge ne-pas fonctionne
La chasse d'eau ne marche pas.

Ho dimenticato lo spazzolino da denti e il dentifricio!
o dimé-ntikato lo spadz-zolino da dé-nti é il dé-ntifRitchi-o
J'ai oublié ma brosse à dents et mon dentifrice !

Dove posso comprare i fazzoletti di carta e gli assorbenti?
dové pos-so ko-mpRaRé i fadz-zolét-ti di kaRta et lyi as-soR-bé-nti
Où puis-je acheter des mouchoirs en papier et des serviettes hygiéniques ?

RIEN COMPRIS ?

Si vous êtes vraiment perdu, cette page vous sera d'une aide précieuse

Non ho capito! Può ripetere più lentamente?
no-n o kapito pou-ò RipétéRe pi-ou lé-ntamé-nté
ne-pas ai compris - peut répéter plus lentement
Je n'ai pas compris ! Pouvez-vous répéter plus lentement ?

Cosa significa questa parola?
koza sign-ifika kwésta paRola
chose signifie cette mot
Que signifie ce mot ?

Scusi, cosa ha detto?
skouzi koza a dèt-to
excusez, chose a dit
Excusez-moi, qu'avez-vous dit ?

Puoi sillabare questa parola?
pou-o-i sil-labaRé kwésta paRola
peux épeler cette mot
Peux-tu (m')épeler ce mot ?

Parla lentamente!
paRla lé-ntamé-nte
Parle lentement !

Come si dice in italiano...?
komé si ditché i-n itali-a-no
Comment dit-on en italien... ?

Scusi può scrivere la parola?
skouzi pou-o skRivéRé la paRola
pardon peut écrire la mot
S'il vous plaît, pouvez-vous (m')écrire le mot ?

Ecco adesso ho capito!
èk-ko adès-so o kapito
voilà maintenant ai compris
Voilà, maintenant j'ai compris !

LES SURNOMS

Vous l'avez déjà compris, entre amis les Italiens s'appellent souvent par des surnoms. En voici quelques-uns :

Beatrice	**Bea**
Giovanni	**Giò / Gianni**
Federico	**Fede**
Elisabetta	**Betta**

Margherita	**Rita**
Matteo	**Teo**
Caterina	**Cati / Rina**
Stefania	**Stefi**
Luigi	**Gigi**

Quelques surnoms ne sont pas du tout évidents :

Stefano	**Nino**
Giuseppe	**Beppe**
Francesco	**Ciccio**
Domenico	**Mimmo**

BIBLIOGRAPHIE

Si vous voulez continuer l'étude de l'italien, voici quelques titres qui vous seront utiles.

Grammaire

P. TRIFONE E M. PALERMO, *Grammatica italiana di base*, Milano, ed. Zanichelli, 2000.

Guides

Si vous voulez commencer à préparer votre départ, vous n'aurez pas de difficultés à trouver les guides du Petit Futé, Gallimard ou ceux du Routard. Nous vous conseillons aussi de chercher les guides Autrement, qui peuvent vous apporter des données plus culturelles.

Romans et essais

Il est bien difficile de se cantonner à quelques auteurs italiens pour vous transmettre une "saveur" d'Italie. L'une des raisons en est que la richesse de ce pays repose sur ses différences régionales et sur la diversité de ses villes. Il n'y a pas UNE Italie, et ce sont justement ses mille facettes qui la rendent fascinante. Si vous voulez vivre cette Italie avec un brin de frissons, pourquoi ne pas vous diriger vers des recueils de nouvelles policières, tels que *Portes d'Italie*, éd. Fleuve Noir, Paris, 2002. Pour vous plonger en revanche dans la vie et les habitudes italiennes de ces dernières années, vous pouvez lire entre autres, de SANDRO VERONESI, *Superalbo, Le storie complete*, ed. Bompiani, 2002, et d'EDMONDO BERSELLI, *Post-Italiani. Cronache di un paese provvisorio*, ed. Mondadori, Milano, 2002. Vous pouvez également vous enrichir des propos de quelques écrivains italiens recueillis par F. GAMBARO : *L'Italie par ses écrivains*, éd. Liana Levi, Paris, 2002.

Musique

Ne réduisez surtout pas l'Italie aux chanteurs connus à l'étranger... Que votre voyage soit une découverte musicale !

Films

Pour vous habituer à la tonalité de la langue, pensez à regarder des films italiens avant de partir... et pourquoi pas ne pas louer quelques cassettes vidéo du plus grand conteur italien contemporain Marco Paolini ?
Enfin, pour voir l'Italie avant de partir, vous pouvez profiter des nouvelles technologies et vous procurer le CD-Rom *Parcours d'Italie. Un viaggio virtuale nelle bellezze dell'Italia e della sua lingua*, Ital Press, 2003.

Sites Internet

Vous pouvez consulter les sites :
www.enit.it (Ente Nazionale Italiano per il Turismo)
www.regioni.it (Informations sur les différentes régions d'Italie)

Selectour
Les Agences Confiance
Voyager...
Plus de 500 agences
en France
Les conseils personnalisés
de 2 000 experts
pour réaliser
tous vos rêves de voyages
fos-réservations :
892 239 238
(0,34€ TTC / min.)
www.selectour.com

Les méthodes Assimil

Collection Sans Peine

Pour vous permettre d'apprendre les langues avec plaisir et aisance, Assimil applique dans ses méthodes un principe exclusif, très simple mais efficace,

l'assimilation intuitive®

Ce principe reprend (en l'adaptant) le processus naturel grâce auquel chacun d'entre nous a appris sa langue maternelle.
Très progressivement, au moyen de dialogues vivants, de notes simples et d'exercices, Assimil vous mène du b.a.-ba à la conversation courante.
Durant la première partie de votre étude (appelée phase passive), vous vous laissez imprégner par la langue en lisant, écoutant et répétant chaque leçon.
Au bout de 50 leçons, vous entamez la phase active qui vous permet d'appliquer les structures et mécanismes assimilés, tout en continuant à progresser.

En peu de mois, quelle que soit la langue choisie, vous êtes capable de parler sans effort ni hésitation, de manière très naturelle.

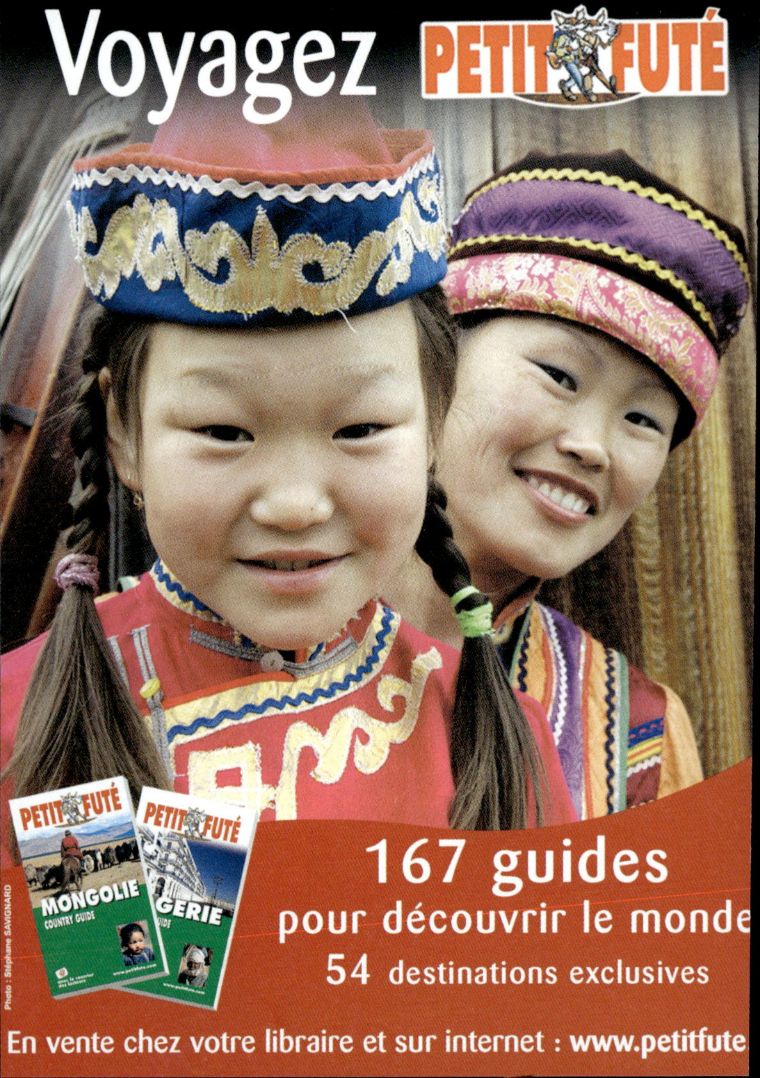
Voyagez
PETIT FUTÉ
PETIT FUTÉ
MONGOLIE
COUNTRY GUIDE
PETIT FUTÉ
GERIE
167 guides
pour découvrir le monde
54 destinations exclusives
Photo : Stéphane SAVIGNARD
En vente chez votre libraire et sur internet : www.petitfute

Abréviations utilisées :

(m.)	masculin	*(f.)*	féminin	*(n.)*	nom
(sing.)	singulier	*(pl.)*	pluriel	*(adj.)*	adjectif
(adv.)	adverbe	*(v.)*	verbe		

Les verbes irréguliers sont indiqués par un *.

LEXIQUE ITALIEN – FRANÇAIS

A

a	à
abbigliamento	habillement
abbronzatura	bronzage
abito	vêtement ; robe
accendino	briquet
accettare	accepter
accompagnare	accompagner
accordo (d'~)	d'accord
aceto *(m.)*	vinaigre
acqua	eau
acutezza	acuité/finesse
aereo	avion
affare	affaire
affettato *(m.)*	charcuterie (coupé en tranches)
affittare	louer
aiutare	aider
aiuto (!)	aide / au secours !
albergo	auberge
albero	arbre
album	album
alto	haut
alzare	lever
alzarsi	se lever
amare	aimer
amaro	amer ; aigre (liqueur)
amico	ami
amore	amour
analisi	analyse
anatra	canard
anche	aussi, même
andare	aller
anello *(m.)*	bague
angolo	coin
annegare	noyer *(v.)*
anno *(m.)*	an/année
anticipo (in ~)	à l'avance
antipasto	hors-d'œuvre
anziano	âgé
aperitivo	apéritif
apertura	ouverture
apparire	apparaître
appetito	appétit
appuntamento	rendez-vous
aprire	ouvrir
arena	arène
arrivare	arriver
arrivo	arrivée
arrosto	rôti
articolo	article
artigianato	artisanat
ascoltare	écouter
aspettare	attendre

assegno	chèque
assicurazione	assurance
assorbenti	tampons hygiéniques
assunzione	poste de travail (engagement / prise en charge)
attenzione	attention
attrezzare	équiper
augurare	souhaiter
auguri	vœux
auto(mobile)	voiture
autobus	bus
autostrada	autoroute
avere*	avoir
avvocato	avocat

B

baciare	embrasser
bacio	bise
bagaglio	bagage
bagnare	mouiller
bagnino	maître-nageur
bagno	bain ; toilettes
balconata	balcon
ballare	danser
ballo	danse ; soirée de danse
bambino	enfant
banca	banque
banchetto	étal ; banquet
bancomat	distributeur automatique de billets
bar	café, bar
basso	bas ; petit
batteria	batterie
belga	belge
bellezza	beauté
bello	beau
bene	bien
benzina	essence
bere*	boire
bianco	blanc
biblioteca	bibliothèque
bici(cletta)	vélo
biglietto	billets, tickets
bikini	bikini
binario *(m.)*	voie
biologo	biologiste
birra	bière
bisogna	il faut
bisogno	besoin
bistecca	bifteck
blu	bleu
bongiorno	bonjour
borgo	bourg
borraccia	gourde
borsa *(f.)*	sac
borsetta *(f.)*	sac à main
bottega *(f.)*	magasin
bottiglia	bouteille
bracciale	bracelet
bravo (!)	doué ; bravo !
breve	bref
brillare	rayonner
brindisi	porter un toast
brocca	pichet
brodo	bouillon
brutto	laid ; mauvais
buca delle lettere	boîte aux lettres
buio	sombre
buono	bon
busta	enveloppe

C

cabina	cabine
caffè	café
caldo	chaud
camera	chambre
camerino	cabine d'essayage
cameriere	garçon (de bar, restaurant)
camicia *(f.)*	chemise

camminare	marcher
campagna	campagne
Canada	Canada
canadese	canadien/ne
cane	chien
canottiera *(f.)*	maillot de corps
cantare	chanter
canzone	chanson
capello	cheveu
capire	comprendre
capitale	capitale
capitano	capitaine
capitare	arriver
Capodanno	Jour de l'an
cappello	chapeau
cappero	câpre
cappotto	manteau
carezza	caresse
carne	viande, chair
carnevale	carnaval
caro	cher
carta di credito	carte de crédit
carta	papier ; carte
cartolina	carte postale
casa	maison
casalinga	ménagère
casco	casque
casello	péage
castello	château
catalogo	catalogue
cattedrale	cathédrale
cattivo	mauvais ; méchant
causa (a ~)	à cause de
cavallo	cheval
cena	dîner
cenare	dîner *(v.)*
centro	centre
cercare	chercher
certo/ certamente	bien sûr
certo	certain
che cosa	quoi
che	qui, que
chi	qui
chiacchierare	bavarder
chiamare	appeler
chiaro	clair
chiave	clé
chiedere	demander
chiesa	église
chiudere*	fermer
chiusura	fermeture
ciao	ciao, salut
cielo	ciel
cima *(f.)*	sommet
cinema	cinéma
cioccolato	chocolat
città	ville
classe	classe
cliente	client
coda	queue
cognata	belle-sœur
cognato	beau-frère
cognome	nom (de famille)
colazione	petit-déjeuner
collega	collègue
collirio	collyre
colore *(m.)*	couleur
comandare	commander
comodo	commode *(adj.)* ; à l'aise
compito	devoir
compleanno	anniversaire
complessivo	total
completo	complet
complimento	appréciation
comprare	acheter
compressa	comprimé, pilule
comune *(m.)*	mairie
comunque	quand même
con	avec ; par
concernere	concerner
concerto	concert
conoscere*	connaître

consigliare	conseiller, recommander
contante (contanti)	comptant (espèces)
conto	addition
controllare	vérifier
coraggio	courage
coriandoli	confettis
corrente	courant
correre*	courir
corridoio	couloir
corsa	course
corte (fare la ~)	courtiser
cortese	courtois, aimable
cortesia	politesse ; service
corto	court
costare	coûter
costo	prix
costume	déguisement
costume da bagno	maillot de bain
cotoletta	côtelette
credere*	croire
credito	crédit
crema	crème
crepare	crever ; fissurer
crisi	crise
cronaca	chronique ; faits divers
cucina	cuisine
cugino/-a	cousin/e
cuoco/-a	cuisinier/-ère, chef
cura	soin
custodire*	garder

D

da	de, depuis, chez, par
dare	donner
davanti	devant, en face
decidere*	décider
decina	dizaine
delicato	délicat
dente *(m.)*	dent
dentro	dedans
denuncia	déclaration
denunciare	dénoncer
desiderare	désirer
destra	droite
detestare	détester
di fronte	en face
di	de
dialogo	dialogue
diapositiva	diapositive
difficile	difficile
digestivo	digestif
dimenticare	oublier
dipingere*	peindre
dire*	dire
direttore	directeur
direzione	direction
diritto *(adv.)*	droit
disco	disque
discoteca	discothèque
discutere*	discuter
disegnare	dessiner
disoccupato	au chômage
disoccupazione	chômage
dispari	impair
dispiacere	chagrin
dispiacere*	regretter
distributore	distributeur
distruggere*	détruire
disturbare	déranger
divertire	amuser
divieto *(n.)*	interdiction
doccia	douche
documento	document, papier
dolce *(adj.)*	doux
dolce *(n.)*	gâteau
domanda	question
domandare	questionner
domani	demain
donna	femme
doposole	après-soleil
doppio	double

dormire	dormir
dottore	docteur
dove	où
dovere*	devoir

E

ecco	voilà
economico	économique
edicola *(f.)*	kiosque à journaux
egoista	égoïste
entrare	entrer
entrata	entrée
epoca	époque
eritema	érythème
eroe	héros
eruzione	éruption
essere*	être *(v.)*
estero	étranger
età *(f.)*	âge
etto	cent grammes

F

fame	faim
famiglia	famille
fango	boue
fare il bagno	se baigner
fare*	faire
farmacia	pharmacie
fatto	fait
favore (per ~)	faveur, service (s'il vous plaît)
fazzoletto	mouchoir
femminile	féminin
feriale	ouvrable
ferie *(f. pl.)*	congé
ferire	blesser
ferita	blessure
fermare	arrêter
fermata *(f.)*	arrêt
ferragosto *(m.)*	15 août
ferrovia *(f.)*	chemin de fer
festa	fête
festeggiare	fêter
festivo	férié
fiducia	confiance
fiera	exposition
figlio/-a	fils/fille
fila	file
fila (prima ~) *(f.)*	premier rang
film	film
filmare	filmer
finalmente	enfin, finalement
fine	fin
finestrino *(m.)*	fenêtre
fiore *(m.)*	fleur
fisso	fixe
fiume	fleuve
focaccia	fougasse
foglio *(m.)*	feuille
fondo (in ~ a)	au fond de
formaggio	fromage
forno	four
forte	fort
fortuna	chance
foto(grafia)	photo(graphie)
fotografare / fare una foto	photographier, prendre une photo
francese	français/e
Francia	France
francobollo	timbre
fratello	frère
freccia	flèche
freddo	froid
frutta *(f. sing.)*	fruits
frutto	fruit
fungo	champignon
fuoco	feu
fuori	dehors
furto	vol
futuro	futur, à venir

G

gabinetto	toilettes
gamba	jambe
gambo *(m.)*	tige
gasato	gazeux

gatto	chat
gelare	geler
gelato *(m.)*	glace
gelo	gel
gente *(f. sing.)*	gens, du monde
gesto	geste
giallo	jaune
giardino	jardin
gioielli	bijoux
giornale	journal
giornata	journée
giorno	jour
giro	tour
giù	en bas
gnomo	gnome
gonna	jupe
grado	degré
grande	grand
granita	granité
grazie	merci
grigliata	ensemble d'aliments cuits sur le gril
grigliato	grillé
guanto	gant
guardare	regarder
guarire	guérir

I

identità	identité
immaginare	imaginer
impazzire*	devenir fou
impiegato	employé
improvviso (d'~)	soudain (à l'improviste)
in	dans, en
incontrare	rencontrer
incontro *(m.)*	rencontre
incrocio	carrefour
indirizzo *(m.)*	adresse
indiscreto	indiscret
ingannare	tromper
ingrandimento	agrandissement
ingresso *(m.)*	entrée
inquinamento *(m.)*	pollution
insalata	salade
insegna *(f.)*	panneau
inserto	supplément
interessante	intéressant
interregionale	interrégional
interrompere*	interrompre
invitare	inviter
ironico	ironique
isola	île
italiano	italien

K

kilo	kilo

L

ladro	voleur
lago	lac
lampada	lampe
lampadina	ampoule
largo	large
lasciare	laisser
lavorare	travailler
lavoro	travail
leggere*	lire
legna *(f. sing.)*	bois (de chauffage)
legno	bois
lentamente	lentement
lento	lent
lenzuolo	drap
lettera	lettre
letto	lit
libero	libre
libertà	liberté
libro	livre, bouquin
liquore *(m.)*	liqueur
litro	litre
locale *(n.)*	local, établissement
locale *(adj.)*	local
lontano	loin

luna	lune
lungo	long
lupo	loup
lusso	luxe

M

macchina fotografica	appareil photo
macchina	machine ; voiture
madre	mère
maglia *(f.)*, **maglione**	pull-over
malattia	maladie
male *(n./adv.)*	mal
mamma	maman
mancia *(f.)*	pourboire
mangiare	manger
manica	manche *(f.)*
manifestazione	manifestation
mano *(f.)*	main
marciapiede	trottoir
mare *(m.)*	mer
marito	mari
maschera *(f.)*	masque, déguisement
maschile	masculin
matrimonio	mariage
mattina *(f.)*	matin
medicinale	médicament
medico	médecin
medusa	méduse
meno	moins
mensile	mensuel
mentire	mentir
menu	menu
meraviglia	merveille
mercato	marché
mese	mois
mestiere	métier
metropolitana *(f.)*	métro
mezzo	demi
mezzogiorno	midi
minerale	minéral
minestra *(f.)*	potage
minestrone	minestrone
ministro	ministre
minuto *(m.)*	minute
misura	mesure
moda	mode
modello	modèle
moderno	moderne
moglie	femme
molto	très, beaucoup
momento	moment
monarchia	monarchie
mondano	mondain
mondo	monde
moneta	monnaie
monolocale	studio
montagna	montagne
monte	mont
morire*	mourir
morte *(f.)*	mort
morto *(adj./n.)*	mort
mostra	exposition
moto *(f.)*	moto
motorino *(m.)*	mobylette
multa	amende
museo	musée

N

naso	nez
Natale	Noël
natura	nature
naturale	naturel
neanche	non plus, même pas
nebbia *(f.)*	brouillard
negozio	magasin
neppure	non plus, même pas
nero	noir
nessuno	personne, aucun
nevicare	neiger

nipote	petit-fils, petite-fille ; neveu, nièce
no	non
noleggiare	louer
noleggio *(m.)*	location
nome	prénom
non	ne... pas
nonno/-a	grand-père/ grand-mère
nord	nord
notare	remarquer
novità	nouveauté
nudista	nudiste
nudo	nu
numero	numéro
numeroso	nombreux
nuotare	nager
nuovo	nouveau
nuvola *(f.)*	nuage

O

obbiettivo	objectif
obbligare	obliger
occhio	œil
occupare	occuper
offendere	offenser
offerta	offre
oggetto	objet
oggi	aujourd'hui
olio	huile
ombrello	parapluie
omicidio	homicide
onda	vague
onomastico *(m.)*	fête (Saint)
opera *(f.)*	opéra
ora	heure
orario	horaire
origine *(f.)*	origine
ospedale	hôpital
ospite (essere ospite di...)	hôte (être hébergé chez...)
osservare	observer
oste	patron d'un restaurant modeste
osteria	restaurant modeste
ovest	ouest

P

pacchetto	paquet
pacco (postale)	paquet (colis)
padre	père
paesaggio	paysage
paese	pays
pagamento	paiement
pagare	payer, régler
pagina	page
palazzo	palais ; immeuble
pancia *(f.)*	ventre
pane	pain
panetteria	boulangerie
panino	sandwich
paninoteca *(f.)*	bar à sandwiches
panorama *(m.)*	vue
pantalone	pantalon
papa	pape
papà	père, papa
parcheggiare	stationner
parcheggio	parking
parere *(m.)*	avis, opinion
parere*	paraître
pari	pair
parlare	parler
parola *(f.)*	mot
parolaccia *(f.)*	gros mot
partenza *(f.)*	départ
partigiano	partisan ; membre du maquis
partire	partir
Pasqua *(f. sing.)*	Pâques
passaporto	passeport

passare (un esame)	passer (être reçu à)
passato	passé
passeggiare	se promener
passeggiata	promenade
passito	vin doux
passo	pas
pasta *(f. sing.)*	pâtes
pasto	repas
patata	pomme de terre
patatine	frites
paziente	patient
peccato	péché
peccato!	dommage !
pedaggio	péage
pedonale	pour piétons
pellicola	pellicule
penna *(f.)*	stylo
pennello	pinceau
pensare	penser
pensionato	retraité
pensione	pension, retraite
pentola	poêle *(f.)*
per	pour ; par ; à cause de
perdere*	perdre
perdonare	pardonner
pericoloso	dangereux
periferia	banlieue
permesso	permis
persona	personne
pesare	peser
pèsca	pêche (fruit)
pésca	pêche (poisson)
pescare	pêcher
pesce	poisson
peso	poids
piacere *(n.)*	plaisir
piacere*	plaire
piadina *(f.)*	pain spécial
pianeta *(m.)*	planète
piano *(adv.)*	lentement
pianoforte	piano
pianta	plante
pianura	plaine
piatto *(n.)*	assiette ; plat
piatto	plat
piazza	place
piccante	piquant
picco (a ~)	pic (à ~)
piccolo	petit
piede	pied
pieno	plein
pietra	pierre
pigro	paresseux
pila	batterie
piombo	plomb
piovere	pleuvoir
pizzeria	pizzeria
plastica	plastique
platea *(f.)*	parterre
poco	peu
poeta	poète
polizia	police
pollo	poulet
pomeriggio	après-midi
porta	porte
portafotografie	porte-photos
portare	porter ; mener ; ramener
porto	port
possedere*	posséder
possibile	possible
posta	poste, courrier
posto	endroit
posto *(m.)*	place (de théâtre)
potere*	pouvoir
pranzare	déjeuner *(v.)*
pranzo *(n.)*	déjeuner
preferire*	préférer
pregare	prier
prego	de rien
prendere*	prendre

preoccuparsi	s'inquiéter
presentare	présenter
prete	prêtre
prevedere*	prévoir
prezzo	prix
prima	avant
primo	premier
principe	prince
principio (in ~)	principe ; commencement, début (au début)
privato	privé
problema	problème
professore	professeur
programma	programme
proibire*	interdire
promettere*	promettre
pronto	prêt ; allô
proprio *(adv.)*	justement ; véritablement
proprio	propre ; véritable
prossimo	prochain
provare	essayer ; prouver
psicologo	psychologue
pubblico	public
puntuale	à l'heure, ponctuel
pure	aussi, également

Q

qualche volta	quelquefois
qualche *(sing.)*	quelques
quando	quand
quanto	combien
quartiere	quartier
quello	cela
questo	ce(ci)
quotidiano	quotidien

R

racchetta	raquette
raccomandare	recommander
radio	radio
raffreddore	rhume
ragazzo/-a (il mio ~/la mia ~)	garçon/fille (mon copain/ma copine)
ragione	raison
rapido	rapide
re	roi
reazione	réaction
recitare	jouer
regalare	offrir
regalo	cadeau
region	région
regionale	régional
repubblica	république
rete *(f.)*	filet ; réseau
ricamo *(m.)*	broderie
riccio	oursin
ricetta	recette ; ordonnance
ricevere*	recevoir
ridacchiare	ricaner
ridere*	rire
riduzione	réduction
rifugio	refuge
rimanere*	rester
rimorchiare	remorquer ; draguer
riscaldare	réchauffer
riservare	réserver
risotto	risotto
rispondere*	répondre
risposta	réponse
ristorante	restaurant
ritardo	retard
riuscire*	réussir, arriver à
rivista	revue
roccioso	rocheux
romanzo	roman
rompere*	rompre
rosa	rose
rosso	rouge
rubare	voler
rubrica	rubrique
rullino	rouleau
rumore *(m.)*	bruit

S

sabbioso	sablonneux
sacco (~ a pelo)	sac (de couchage)
sagra	fête (du village)
sala	salle
saldo/-i	solde/s
sale	sel
salmone	saumon
salutare	saluer
salvietta	serviette
sapere*	savoir
sapone	savon
sasso	caillou
sbadiglio	bâillement
scarpa	chaussure
scarponi *(m.)*	chaussures de montagne
scattare (~ una foto)	se déclencher (prendre une photo)
scegliere*	choisir
scelta *(f.)*	choix
scheda (telefonica)	fiche (carte téléphonique)
scherzo *(m.)*	blague
schiavitù *(f.)*	esclavage
sci	ski
scoglio	rocher
sconto *(m.)*	remise
scottare	brûler
scottatura	brûlure
scrittore	écrivain
scrivere*	écrire
scuola	école
scusa	excuse
scusare	excuser
sdraio	chaise longue
se	si
secondo	deuxième
sedere*	s'asseoir
sedia	chaise
seguire	suivre
selvaggio	sauvage
semaforo	feu tricolore
sembrare	sembler
sempre	toujours
sentire	sentir ; écouter
seppia	sépia ; sèche
sera *(f.)*	soir
serata	soirée
serio	sérieux
servire	servir
servizio	service
seta	soie
settimana	semaine
settimanale	hebdomadaire
sfuso	au détail
sì	oui
sicuro	sûr
significare	signifier
signore/-a	monsieur/madame
silenzio	silence
sillabare	épeler
simpatico	sympathique
sindaco	maire
singolo	singulier ; particulier
sinistra	gauche *(n.)*
smorfia	grimace
soffocare	étouffer
soggetto	sujet
soggiorno	séjour
sognare	rêver
solare	solaire
soldo (/-i)	sou (argent)
sole	soleil
solo	seul
somma	somme
sopra (di ~)	sur, dessus (au-dessus)
sorella	sœur
sorprendere*	surprendre
sorpresa	surprise
sorriso	sourire
sosta *(f.)*	arrêt ; stationnement

sottile	mince, fin
sotto (di ~)	sous, en bas (au-dessous)
spaccare	casser
spazzola	brosse
spazzolino (~ da) *(m.)*	brosse à
specchio	miroir
speciale	spécial
spendere*	dépenser
sperare	espérer
spesso	souvent
spettacolo *(m.)*	spectacle, pièce
spiaggia	plage
sposo/a	marié/e
spremuta	jus
spruzzo	jet
stabilimento *(m.)*	établissement ; usine
stancare	fatiguer
stare	rester
statale	d'État, national
stato	état
stazione	gare
storia	histoire
strada	route
stradale	routier
stretto	étroit ; serré
studente	étudiant
studiare	étudier
studio *(m.)*	étude, cabinet
stuzzichino	amuse-gueule
su	sur
subito	tout de suite
succedere*	arriver
succo	jus
sud	sud
supermercato	supermarché
supplemento	supplément
svegliare	réveiller
sviluppare	développer
Svizzera	Suisse
svizzero	suisse

T

tabaccheria *(f.)*	bureau de tabac
tabellone	tableau
taglia	taille
taglio *(m.)*	coupe, coupure
tanto	beaucoup, tellement, si
tardi	tard
tassì	taxi
tavola (a ~ !)	planche ; table (à ~ !)
tavolo *(m.)*	table
tazza	tasse
tedesco	allemand
telefonare	téléphoner
telefonata *(f.)*	coup de téléphone
telefono	téléphone
televisione	télévision
televisore *(m.)*	poste de télévision
temere	craindre
temperatura	température
tempesta	tempête
tempo	temps
tenere*	tenir ; garder
termale	thermal
terme	thermes
terra	terre
terrazzo *(m.)*	balcon, terrasse
tesi *(f.)*	thèse, mémoire de maîtrise
tessera	carte
testa	tête
tipico	typique
tornare	revenir, retourner
torre	tour
torta	tarte
tosse	toux
tradurre*	traduire
traghetto	bac pour traverser
trattoria	trattoria
treno	train
trovare	trouver

tuffarsi	se plonger
turismo	tourisme
turistico	touristique
tutto	tout

U

ufficio	bureau
università	université
uomo	homme
uovo	œuf
uscire*	sortir
uscita	sortie
utile	utile

V

vacanza	vacances
vagone *(m.)*	wagon, voiture du train
valigia	valise
valuta	devise
vecchio	vieux
vedere*	voir
veloce	rapide
veglione	réveillon
velocità	vitesse
vendere	vendre
venire*	venir
vento	vent
verdura *(f. sing.)*	légumes
vestire	habiller
vestito *(m.)*	vêtement ; costume ; robe
vetrina	vitrine
vetro	verre
via	rue
viaggiare	voyager
viaggiatore	voyageur
viaggio	voyage
vicino	près, tout près
vicino *(n.)*	voisin, proche
vicolo *(m.)*	ruelle
vincere*	gagner
vino	vin
virtù	vertu
visita	visite
visitare	visiter
vista	vue
vita	vie
vivere*	vivre
voce	voix
voglia	envie
volentieri	volontiers
volere*	vouloir
volta (una ~)	une fois
vongola	palourde
vulcano	volcan

Z

zaino	sac à dos
zanzara *(f.)*	moustique
zio/-a	oncle/tante
zucca *(f.)*	citrouille, potiron
zucchero	sucre
zuppa	soupe

LEXIQUE FRANÇAIS – ITALIEN

A

à	**a**
accepter	**accettare**
accompagner	**accompagnare**
accord (d'~)	**d'accordo**
acheter	**comprare**
acuité	**acutezza**
addition	**conto**
adresse	**indirizzo** *(m.)*
affaire	**affare**
âgé	**anziano**
âge	**età** *(f.)*
agrandissement	**ingrandimento**
aide	**aiuto**
aider	**aiutare**
aigre	**amaro**
aimable	**cortese**
aimer	**amare**
l'aise (à l'~)	**comodo**
album	**album**
allemand	**tedesco**
aller	**andare***
allô !	**pronto!**
amende	**multa**
amer (liqueur)	**amaro** *(m.)*
ami	**amico**
amour	**amore**
ampoule	**lampadina**
amuse-gueule	**stuzzichino**
amuser	**divertire**
an	**anno**
analyse	**analisi**
année	**anno** *(m.)*
anniversaire	**compleanno**
août (15 ~)	**ferragosto** *(m.)*
apéritif	**aperitivo**
apparaître	**apparire***
appareil photo	**macchina fotografica**
appeler	**chiamare**
appétit	**appetito**
appréciation	**complimento** *(m.)*
après-midi	**pomeriggio**
après-soleil	**doposole**
arbre	**albero**
arène	**arena**
arrêt	**fermata** *(f.)*, **sosta** *(f.)*
arrêter	**fermare**
arrivée	**arrivo** *(m.)*
arriver à	**riuscire***
arriver	**arrivare**, **capitare**, **succedere***
article	**articolo**
artisanat	**artigianato**
asseoir (s'~)	**sedere***
assiette	**piatto** *(m.)*
assurance	**assicurazione**
attendre	**aspettare**
attention	**attenzione**
auberge	**albergo** *(m.)*
aucun	**nessuno**
aujourd'hui	**oggi**
aussi	**pure**, **anche**
autoroute	**autostrada**
avance (à l'~)	**in anticipo**
avant	**prima**
avec	**con**
avion	**aereo**
avis	**parere** *(n.)*
avocat	**avvocato**
avoir	**avere***

B

bac pour traverser	**traghetto**
bagage	**bagaglio**
bague	**anello** *(m.)*

baigner (se ~)	**fare il bagno**
bâillement	**sbadiglio**
bain	**bagno**
balcon	**balconata**
balcon	**terrazzo** *(m.)*
banlieue	**periferia**
banque	**banca**
banquet	**banchetto**
bar à sandwiches	**paninoteca** *(f.)*
bar	**bar**
bas	**giù, basso** *(adj.)*
bas (en ~)	**di sotto, giù**
batterie	**batteria, pila**
bavarder	**chiacchierare**
beau	**bello**
beaucoup	**molto, tanto**
beau-frère	**cognato**
beauté	**bellezza**
belge	**belga**
belle-sœur	**cognata**
besoin	**bisogno**
bibliothèque	**biblioteca**
bien sûr	**certo, certamente**
bien	**bene** *(adv.)*
bière	**birra**
bifteck	**bistecca** *(f.)*
bijoux	**gioielli**
bikini	**bikini**
billet	**biglietto**
biologiste	**biologo**
bise	**bacio** *(m.)*
blague	**scherzo** *(m.)*
blanc	**bianco**
blesser	**ferire**
blessure	**ferita**
bleu	**blu**
boire	**bere***
bois	**legna** *(f. sing.)*, **legno**
boîte aux lettres	**buca delle lettere**
bon	**buono** *(adj.)*
bonjour	**bongiorno**
boue	**fango** *(m.)*
bouillon	**brodo**
boulangerie	**panetteria**
bouquin	**libro**
bourg	**borgo**
bouteille	**bottiglia**
bracelet	**bracciale**
bravo !	**bravo!**
bref	**breve**
briquet	**accendino**
broderie	**ricamo** *(m.)*
bronzage	**abbronzatura** *(f.)*
brosse à	**spazzolino da** *(m.)*
brosse	**spazzola**
brouillard	**nebbia** *(f.)*
bruit	**rumore** *(m.)*
brûler	**scottare**
brûlure	**scottatura**
bureau	**ufficio**
bus	**autobus**

C

cabine d'essayage	**camerino** *(m.)*
cabine	**cabina**
cadeau	**regalo**
café (boisson)	**caffè**
café (lieu)	**bar**
caillou	**sasso**
campagne	**campagna**
Canada	**Canada**
canadien/ne	**canadese**
canard	**anatra** *(f.)*
capitaine	**capitano**
capitale	**capitale**
câpre	**cappero** *(m.)*
caresse	**carezza**
carnaval	**carnevale**
carrefour	**incrocio**
carte de crédit	**carta di credito**
carte postale	**cartolina**
carte	**carta ; tessera**

casque	**casco**
casser	**spaccare**
catalogue	**catalogo**
cathédrale	**cattedrale**
cause (à ~)	**per**
cause (à ~ de)	**a causa di**
ce(ci)	**questo**
cela	**quello**
cent grammes	**etto** *(n. sing.)*
centre	**centro**
certain	**certo**
chagrin	**dispiacere**
chair	**carne**
chaise	**sedia**
chaise longue	**sdraio** *(m.)*
chambre	**camera**
champignon	**fungo**
chance	**fortuna**
chanson	**canzone**
chanter	**cantare**
chapeau	**cappello**
charcuterie (coupé en tranches)	**affettato** *(m.)*
chat	**gatto**
château	**castello**
chaud	**caldo**
chaussure	**scarpa**
chaussures de montagne	**scarponi** *(m. pl.)*
chef	**cuoco/-a**
chemin de fer	**ferrovia** *(f.)*
chemise	**camicia**
chèque	**assegno**
cher	**caro**
chercher	**cercare**
cheval	**cavallo**
cheveu	**capello**
chez	**da**
chien	**cane**
chocolat	**cioccolato**
choisir	**scegliere***
choix	**scelta** *(f.)*
chômage (au ~)	**disoccupato**
chômage	**disoccupazione** *(f.)*
chronique	**cronaca**
ciao	**ciao**
ciel	**cielo**
cinéma	**cinema**
citrouille	**zucca**
clair	**chiaro**
classe	**classe**
clé	**chiave**
client	**cliente**
coin	**angolo**
collègue	**collega** *(m.)*
collyre	**collirio**
combien	**quanto**
commander	**comandare**
commencement	**principio**
commode *(adj.)*	**comodo**
complet	**completo**
comprendre	**capire**
comprimé	**compressa** *(f.)*
comptant (espèces)	**contante (contanti)**
concerner	**concernere**
concert	**concerto**
confettis	**coriandoli**
confiance	**fiducia**
congé	**ferie** *(f. pl.)*
connaître	**conoscere***
conseiller *(v.)*	**consigliare**
copain (mon ~)	**il mio ragazzo**
ma copine (ma ~)	**la mia ragazza**
costume	**vestito**
côtelette	**cotoletta**
couleur	**colore** *(m.)*
couloir	**corridoio**
coup de téléphone	**telefonata** *(f.)*
coupe	**taglio** *(m.)*
coupure	**taglio** *(m.)*
cour (faire la ~)	**corte (fare la ~)**

courage	**coraggio**
courant	**corrente**
courir	**correre***
courrier	**posta** *(f.)*
course	**corsa**
court	**corto**
courtiser	**corte (fare la ~)**
courtois	**cortese**
cousin/e	**cugino/a**
coûter	**costare**
craindre	**temere**
crédit	**credito**
crème	**crema**
crever	**crepare, morire**
crise	**crisi**
croire	**credere**
cuisine	**cucina**
cuisinier/-ière	**cuoco/-a**

D

dangereux	**pericoloso**
dans	**in**
danse	**ballo** *(m.)*
danser	**ballare**
de	**da, di**
début (au ~)	**in principio**
décider	**decidere***
déclaration	**denuncia**
déclencher (se ~) (prendre une photo)	**scattare (~ una foto)**
dedans	**dentro**
degré	**grado**
déguisement	**costume**
déguisement, masque	**maschera** *(f.)*
dehors	**fuori**
déjeuner *(v.)*	**pranzare**
déjeuner	**pranzo**
délicat	**delicato**
demain	**domani**
demander	**chiedere**
demi	**mezzo**
dénoncer	**denunciare**
dent	**dente** *(m.)*
départ	**partenza** *(f.)*
dépenser	**spendere***
depuis	**da**
déranger	**disturbare**
désirer	**desiderare**
dessiner	**disegnare**
dessous (au - ~)	**di sotto**
dessus	**sopra**
dessus (au - ~)	**di sopra**
détail (au ~)	**sfuso**
détester	**detestare**
détruire	**distruggere***
deuxième	**secondo**
devant	**davanti**
développer	**sviluppare**
devenir fou	**impazzire***
devise	**valuta**
devoir *(n.)*	**compito**
devoir *(v.)*	**dovere***
dialogue	**dialogo**
diapositive	**diapositiva**
difficile	**difficile**
digestif	**digestivo**
dîner *(v.)*	**cenare**
dîner	**cena** *(f.)*
dire	**dire**
directeur	**direttore**
direction	**direzione**
discothèque	**discoteca**
discuter	**discutere***
disque	**disco**
distributeur	**distributore**
distributeur automatique de billets	**bancomat**
dizaine	**decina**
docteur	**dottore**
document	**documento**
dommage !	**peccato!**

donner	**dare**
dormir	**dormire**
double	**doppio**
douce	**dolce**
douche	**doccia**
doué	**bravo**
draguer	**rimorchiare**
drap	**lenzuolo**
droit	**diritto** *(adv.)*
droite	**destra**

E

eau	**acqua**
école	**scuola**
économique	**economico**
écouter	**ascoltare**, **sentire**
écrire	**scrivere***
écrivain	**scrittore**
également	**pure** *(adv.)*
église	**chiesa**
égoïste	**egoista** *(m. et f.)*
embrasser	**baciare**
employé	**impiegato**
en	**in**
endroit	**posto**
enfant	**bambino**
enfin	**finalmente**
engagement	**impegno**
ensemble d'aliments cuits sur le gril	**grigliata**
entrée	**entrata**, **ingresso** *(m.)*
entrer	**entrare**
enveloppe	**busta**
envie	**voglia**
épeler	**sillabare**
époque	**epoca**
équiper	**attrezzare**
éruption	**eruzione**
érythème	**eritema**
esclavage	**schiavitù** *(f.)*
espérer	**sperare**
essayer	**provare**
essence	**benzina**
établissement	**locale**, **stabilimento**
étal	**banchetto**
état (d'~)	**statale**
état	**stato**
étouffer	**soffocare**
étranger	**estero**
être *(v.)*	**essere***
étroit	**stretto**
étude	**studio** *(m.)*
étudiant	**studente**
étudier	**studiare**
excuse	**scusa**
excuser	**scusare**
exposition	**fiera**, **mostra**

F

face (en ~)	**davanti**, **di fronte**
faim	**fame** *(f.)*
faire	**fare***
fait	**fatto**
faits divers	**cronaca** *(sing. f.)*
falloir (il faut)	**bisogna**
famille	**famiglia**
fatiguer	**stancare**
faveur	**favore** *(m.)*
féminin	**femminile**
femme	**donna** ; **moglie**
fenêtre	**finestrino** *(m.)*
férié	**festivo**
fermer	**chiudere***
fermeture	**chiusura**
fête (du village)	**sagra**
fête	**festa** ; **onomastico**
fêter	**festeggiare**
feu tricolore	**semaforo**
feu	**fuoco**
feuille	**foglio** *(m.)*
fiche (carte téléphonique)	**scheda (telefonica)**

file	**fila**
filet	**rete** *(f.)*
fille	**figlia**
fille	**ragazza**
film	**film**
filmer	**filmare**
fils	**figlio**
fin *(adj.)*	**fine, sottile**
finalement	**finalmente**
finesse	**acutezza**
fissurer	**crepare**
fixe	**fisso**
flèche	**freccia**
fleur	**fiore** *(m.)*
fleuve	**fiume**
fois (une ~)	**una volta**
fond (au ~ de)	**in fondo a**
fort	**forte**
fougasse	**focaccia**
four	**forno**
français/e	**francese**
France	**Francia**
frère	**fratello**
frites	**patatine**
froid	**freddo**
fromage	**formaggio**
fruit	**frutto**
fruits	**frutta** *(f. sing.)*
futur	**futuro**

G

gagner	**vincere***
gant	**guanto**
garçon (de bar, restaurant)	**cameriere**
garçon	**ragazzo**
garder	**custodire***, **tenere**
gare	**stazione**
gâteau	**dolce**
gauche *(n.)*	**sinistra**
gazeux	**gasato**
gel	**gelo**
geler	**gelare**
gens	**gente** *(f. sing.)*
geste	**gesto**
glace	**gelato** *(m.)*
gnome	**gnomo**
gourde	**borraccia**
grand	**grande**
grand-mère	**nonna**
grand-père	**nonno**
granité	**granita**
grillé	**grigliato**
grimace	**smorfia**
guérir	**guarire**

H

habillement	**abbigliamento**
habiller	**vestire**
haut	**alto**
hebdomadaire	**settimanale**
hébergé (être ~ chez…)	**essere ospite di…**
héros	**eroe**
heure	**ora**
heure (à l'~)	**puntuale**
histoire	**storia**
homicide	**omicidio**
homme	**uomo**
hôpital	**ospedale**
horaire	**orario**
hors-d'œuvre	**antipasto** *(m. sing.)*
hôte	**ospite**
huile	**olio** *(m.)*

I

identité	**identità**
il faut	**bisogna**
île	**isola**
imaginer	**immaginare**
immeuble	**palazzo**
impair	**dispari**
indiscret	**indiscreto**
inquiéter (s'~)	**preoccuparsi**

interdiction	**divieto** *(m.)*
interdire	**proibire**
intéressant	**interessante**
interrégional	**interregionale**
interrompre	**interrompere**
inviter	**invitare**
ironique	**ironico**
italien	**italiano**

J

jambe	**gamba**
jardin	**giardino**
jaune	**giallo**
jet	**spruzzo** ; **getto**
jouer	**recitare**
jour	**giorno**
Jour de l'an	**Capo d'anno**
journal	**giornale**
journée	**giornata**
jupe	**gonna**
jus	**spremuta**, **succo**
justement	**proprio**

K

kilo	**kilo**
kiosque à journaux	**edicola** *(f.)*

L

lac	**lago**
laid	**brutto**
laisser	**lasciare**
lampe	**lampada**
large	**largo**
légumes	**verdura** *(f. sing.)*
lent	**lento**
lentement	**lentamente**, **piano** *(adv.)*
lettre	**lettera**
lever / se ~	**alzare / alzarsi**
liberté	**libertà**
libre	**libero**
liqueur	**liquore** *(m.)*
lire	**leggere**
lit	**letto** *(n.)*
litre	**litro**
livre	**libro**
local	**locale**
location	**noleggio** *(m.)*
loin	**lontano**
long	**lungo**
louer	**affittare** ; **noleggiare**
loup	**lupo**
lune	**luna**
luxe	**lusso**

M

machine	**macchina**
madame	**signora**
magasin	**bottega** *(f.)* / **negozio**
maillot de bain	**costume da bagno**
maillot de peau	**canottiera** *(f.)*
main	**mano** *(f.)*
maire	**sindaco**
mairie	**comune** *(m.)*
maison	**casa**
maître-nageur	**bagnino**
mal	**male**
maladie	**malattia**
maman	**mamma**
manche *(f.)*	**manica**
manger	**mangiare**
manifestation	**manifestazione**
manteau	**cappotto**
marché	**mercato**
marcher	**camminare**
mari	**marito**
mariage	**matrimonio**
marié/e	**sposo/-a**
masculin	**maschile**
masque	**maschera** *(f.)*
matin	**mattina** *(f.)*
mauvais	**brutto**, **cattivo**
méchant	**cattivo**

médecin	**medico**
médicament	**medicinale**
méduse	**medusa**
membre du maquis	**partigiano**
même pas	**neanche, neppure**
même	**anche**
mémoire de maîtrise	**tesi** *(f.)*
ménagère	**casalinga**
mener	**portare**
mensuel	**mensile** *(n.)*
mentir	**mentire**
menu	**menu**
mer	**mare** *(m.)*
merci	**grazie**
mère	**madre**
merveille	**meraviglia**
mesure	**misura**
métier	**mestiere**
métro	**metropolitana** *(f.)*
midi	**mezzogiorno**
mince	**sottile**
minéral	**minerale**
minestrone	**minestrone**
ministre	**ministro**
minute	**minuto** *(m.)*
miroir	**specchio**
mobylette	**motorino** *(m.)*
mode	**moda**
modèle	**modello**
moderne	**moderno**
moins	**meno**
mois	**mese**
moment	**momento**
monarchie	**monarchia**
mondain	**mondano**
monde (du ~)	**gente** *(f. sing.)*
monde	**mondo**
monnaie	**moneta**
monsieur	**signore**
mont	**monte**
montagne	**montagna**
mort *(f.)*	**morte**
mort *(adj./n.)*	**morto**
mot	**parola** *(f.)*
mot (gros ~)	**parolaccia** *(f.)*
moto	**moto**
mouchoir	**fazzoletto**
mouiller	**bagnare**
mourir	**morire***
moustique	**zanzara** *(f.)*
musée	**museo**

N

nager	**nuotare**
national	**statale**
nature	**natura**
naturel	**naturale**
ne... pas	**non**
neiger	**nevicare**
neveu	**nipote**
nez	**naso**
nièce	**nipote**
Noël	**Natale**
noir	**nero**
nom (de famille)	**cognome**
nombreux	**numeroso**
non plus	**neanche, neppure**
non	**no**
nord	**nord**
nouveau	**nuovo**
nouveauté	**novità**
noyer *(v.)*	**annegare**
nu	**nudo**
nuage	**nuvola** *(f.)*
nudiste	**nudista** *(m.)*
numéro	**numero**

O

objectif	**obbiettivo**
objet	**oggetto**
obliger	**obbligare**
observer	**osservare**
occuper	**occupare**

œil	**occhio**
œuf	**uovo**
offenser	**offendere***
offre	**offerta**
offrir	**regalare**
oncle	**zio**
opéra	**opera** *(f.)*
opinion	**parere** *(m.)*
ordonnance	**ricetta**
origine	**origine** *(f.)*
où	**dove**
oublier	**dimenticare**
ouest	**ovest**
oui	**sì**
oursin	**riccio**
ouverture	**apertura**
ouvrable	**feriale**
ouvrir	**aprire**

P

page	**pagina**
paiement	**pagamento**
pain	**pane**
pair	**pari**
palais	**palazzo**
palourde	**vongola**
panneau	**insegna** *(f.)*
pantalon	**pantalone**
papa	**papà**
pape	**papa**
papier	**carta** *(f.)*
papier	**documento**
Pâques	**Pasqua** *(f. sing.)*
paquet (colis)	**pacco (postale)**
paquet	**pacchetto**
par	**con**, **da**, **per**
paraître	**parere***
parapluie	**ombrello**
pardonner	**perdonare**
paresseux	**pigro**
parking	**parcheggio**
parler	**parlare**
parterre	**platea** *(f.)*
particulier	**singolo**
partir	**partire**
partisan	**partigiano**
pas	**passo**
passé	**passato**
passeport	**passaporto**
passer	**passare**
pâtes	**pasta** *(f. sing.)*
patient	**paziente**
payer	**pagare**
pays	**paese**
paysage	**paesaggio**
péage	**casello** ; **pedaggio**
pêche (fruit)	**pèsca**
péché	**peccato**
pêche	**pésca**
pêcher	**pescare**
peindre	**dipingere***
pellicule	**pellicola**
penser	**pensare**
pension	**pensione**
perdre	**perdere***
père	**padre**
père (religieux)	**padre**
permis	**permesso**
personne (aucun)	**nessuno**
personne *(n.)*	**persona**
peser	**pesare**
petit	**basso, piccolo**
petit-déjeuner	**colazione** *(f.)*
petite-fille	**nipote**
petit-fils	**nipote**
peu	**poco**
pharmacie	**farmacia**
photo(graphie)	**foto(grafia)**
photographier	**fotografare**
piano	**pianoforte**
pic (à ~)	**picco (a ~)**
pichet	**brocca** *(f.)*
pièce	**spettacolo** *(m.)*
pied	**piede**

pierre	**pietra**
piétons (pour ~)	**pedoni** (**pedonale**)
pilule	**compressa**
pinceau	**pennello**
piquant	**piccante**
pizzeria	**pizzeria**
place	**piazza**
place (de théâtre)	**posto** *(m.)*
plage	**spiaggia**
plaine	**pianura**
plaire	**piacere***
plaisir	**piacere**
planche	**tavola**
planète	**pianeta** *(m.)*
plante	**pianta**
plastique	**plastica** *(f.)*
plat	**piatto** *(n./adj.)*
plein	**pieno**
pleuvoir	**piovere***
plomb	**piombo**
plonger (se ~)	**tuffarsi**
poêle	**pentola**
poète	**poeta**
poids	**peso**
poisson	**pesce**
police	**polizia**
politesse	**cortesia**
pollution	**inquinamento** *(m.)*
pomme de terre	**patata**
ponctuel	**puntuale**
port	**porto**
porte	**porta**
porte-photos	**portafotografie**
porter un toast	**brindisi**
porter	**portare**
posséder	**possedere***
possible	**possibile**
poste de télévision	**televisore** *(m.)*
poste	**posta** *(f.)*
potage	**minestra** *(f.)*
potiron	**zucca** *(f.)*
poulet	**pollo**
pour	**per**
pourboire	**mancia** *(f.)*
pouvoir *(v.)*	**potere***
préférer	**preferire***
premier	**primo**
prendre une photo	**fare una foto**
prendre	**prendere***
prénom	**nome**
près	**vicino**
présenter	**presentare**
prêt	**pronto**
prêtre	**prete**
prévoir	**prevedere***
prier	**pregare**
prince	**principe**
principe	**principio**
privé	**privato**
prix	**costo ; prezzo**
problème	**problema**
prochain	**prossimo**
proche	**vicino**
professeur	**professore**
programme	**programma**
promenade	**passeggiata**
promener (se ~)	**passeggiare**
promettre	**promettere***
propre	**proprio**
prouver	**provare**
psychologue	**psicologo**
public	**pubblico**
pull-over	**maglia** *(f.)* / **maglione**

Q

quand	**quando**
quand même	**comunque**
quartier	**quartiere**
que	**che**
quelquefois	**qualche volta**

quelques	**qualque** *(sing.)*
question	**domanda**
questionner	**domandare**
queue	**coda**
qui	**che, chi**
quoi	**che cosa**
quotidien	**quotidiano**

R

radio	**radio**
raison	**ragione** *(f.)*
ramener	**portare**
rang	**fila** *(f.)*
rapide	**rapido**, **veloce**
raquette	**racchetta**
rayonner	**brillare**
réaction	**reazione**
recette	**ricetta**
recevoir	**ricevere***
réchauffer	**riscaldare**
recommander	**raccomandare** ; **consigliare**
reçu (être ~ à un examen)	**passare un esame**
réduction	**riduzione**
refuge	**rifugio**
regarder	**guardare**
région	**regione**
régional	**regionale**
régler	**pagare**
regretter	**dispiacere***
remise	**sconto** *(m.)*
remorquer	**rimorchiare**
rencontre	**incontro** *(m.)*
rencontrer	**incontrare**
rendez-vous	**appuntamento**
repas	**pasto**
répondre	**rispondere***
réponse	**risposta**
république	**repubblica**
réseau	**rete** *(f.)*
réserver	**riservare**
restaurant modeste	**osteria**
restaurant	**ristorante**
rester	**rimanere**, **stare***
retard	**ritardo**
retourner	**tornare**
retraité	**pensionato**
retraite	**pensione**
réussir	**riuscire**
réveiller	**svegliare**
réveillon de Nouvel An	**veglione**
revenir	**tornare**
rêver	**sognare**
revue	**rivista**
rhume	**raffreddore** *(m.)*
ricaner	**ridacchiare**
rien (de ~)	**prego**
rire	**ridere***
risotto	**risotto**
robe	**vestito** *(m.)*, **abito**
rocher	**scoglio**
rocheux	**roccioso**
roi	**re**
roman	**romanzo**
rompre	**rompere***
rose	**rosa**
rôti	**arrosto**
rouge	**rosso**
rouleau	**rullino**
route	**strada**
routier	**stradale**
rubrique	**rubrica**
rue	**via**
ruelle	**vicolo** *(m.)*

S

sablonneux	**sabbioso**
sac (de couchage)	**sacco (a pelo)**
sac à dos	**zaino**
sac à main	**borsetta** *(f.)*
sac	**borsa** *(f.)*

salade	**insalata**
salle	**sala**
saluer	**salutare**
salut	**ciao**
sandwich	**panino**
saumon	**salmone**
sauvage	**selvaggio**
savoir *(v.)*	**sapere***
savon	**sapone**
sèche	**seppia**
secours (au ~ !)	**aiuto !**
séjour	**soggiorno**
sel	**sale** *(m.)*
semaine	**settimana**
sembler	**sembrare**
sentir	**sentire**
sépia	**seppia**
sérieux	**serio**
serré	**stretto**
service	**cortesia** ; **servizio**
serviette	**salvietta**
servir	**servire**
seul	**solo**
s'il vous plaît	**per favore**
si	**se**
si (tellement)	**tanto**
signifier	**significare**
silence	**silenzio**
singulier	**singolo**
ski	**sci**
sœur	**sorella**
soie	**seta**
soin	**cura** *(f.)*
soir	**sera** *(f.)*
soirée dansante	**ballo** *(m.)*
soirée	**serata**
solaire	**solare**
solde/s	**saldo/-i**
soleil	**sole**
sombre	**buio**
somme	**somma**
sommet	**cima** *(f.)*
sortie	**uscita**
sortir	**uscire***
sou (argent)	**soldo (/-i)**
soudain (à l'improviste)	**d'improvviso**
souhaiter	**augurare**
soupe	**zuppa**
sourire *(n.)*	**sorriso**
sous	**sotto**
souvent	**spesso**
spécial	**speciale**
spectacle	**spettacolo**
stationnement	**sosta** *(f.)*
stationner	**parcheggiare**
studio	**monolocale**
stylo	**penna** *(f.)*
sucre	**zucchero**
sud	**sud**
Suisse	**Svizzera**
suisse	**svizzero**
suivre	**seguire**
sujet	**soggetto**
supermarché	**supermercato**
supplément	**inserto, supplemento**
sûr	**sicuro**
sur	**sopra, su**
surprendre	**sorprendere***
surprise	**sorpresa**
sympathique	**simpatico/a**

T

tabac	**tabaccheria** *(f.)*
table	**tavola / tavolo** *(m.)*
table (à ~ !)	**tavola** (**a ~ !**)
tableau	**tabellone**
taille	**taglia**
tampons hygiéniques	**assorbenti**
tante	**zia**
tard	**tardi**

tarte	**torta**
tasse	**tazza**
taxi	**tassì**
téléphone	**telefono**
téléphoner	**telefonare**
télévision	**televisione**
tellement	**tanto**
température	**temperatura**
tempête	**tempesta**
temps	**tempo**
tenir	**tenere***
terrasse	**terrazzo** *(m.)*
terre	**terra**
tête	**testa**
thermal	**termale**
thermes	**terme**
thèse	**tesi** *(f.)*
tickets	**biglietto**
tige	**gambo** *(m.)*
timbre	**francobollo**
toilettes	**gabinetto** ; **bagno**
total	**complessivo**
toujours	**sempre**
tour *(m.)*	**giro**
tour *(f.)*	**torre** *(f.)*
tourisme	**turismo**
touristique	**turistico**
tout de suite	**subito**
tout près	**vicino**
tout	**tutto**
toux	**tosse**
traduire	**tradurre***
train	**treno**
trattoria	**trattoria**
travail	**lavoro**
travailler	**lavorare**
très	**molto**
tromper	**ingannare**
trottoir	**marciapiede**
trouver	**trovare**
typique	**tipico**

U

université	**università**
usine	**stabilimento** *(m.)*
utile	**utile**

V

vacances	**vacanza** *(sing.)*
vague	**onda**
valise	**valigia**
vélo	**bici(cletta)** *(f.)*
vendre	**vendere**
venir	**venire***
venir (à ~)	**futuro**
vent	**vento**
ventre	**pancia** *(f.)*
vérifier	**controllare**
véritable	**proprio**
véritablement	**proprio** *(adv.)*
verre	**vetro**
vertu	**virtù**
vêtement	**abito** ; **vestito**
viande	**carne**
vie	**vita**
vieux	**vecchio**
ville	**città**
vin	**vino**
vinaigre	**aceto**
visite	**visita**
visiter	**visitare**
vitesse	**velocità**
vitrine	**vetrina**
vivre	**vivere***
vœux	**auguri**
voie	**binario** *(m.)*
voilà	**ecco**
voir	**vedere***
voisin	**vicino**
voiture du train	**vagone** *(m.)*
voiture	**auto(mobile)**, **macchina**
voix	**voce**
vol	**furto**

volcan	**vulcano**
voler	**rubare**
voleur	**ladro**
volontiers	**volentieri**
vouloir	**volere***
voyage	**viaggio**
voyager	**viaggiare**
voyageur	**viaggiatore**
vue	**panorama** *(m.)*, **vista**

W

wagon	**vagone**

LE PARTICIPE PASSÉ DES VERBES IRRÉGULIERS

Comme promis, voilà une liste des participes passés des verbes irréguliers. La liste est loin d'être exhaustive : nous vous signalons seulement les verbes les plus fréquents, c'est-à-dire ceux dont vous serez sans doute appelé à vous servir.

Infinitif	Participe passé	Traduction
aprire	**aperto**	ouvrir, ouvert
bere	**bevuto**	boire, bu
chiudere	**chiuso**	fermer, fermé
decidere	**deciso**	décider, décidé
essere	**stato**	être, été
fare	**fatto**	faire, fait
interrompere	**interrotto**	interrompre, interrompu
leggere	**letto**	lire, lu
mettere	**messo**	mettre / poser, mis / posé
perdere	**perso**	perdre, perdu
permettere	**permesso**	permettre, permis
piangere	**pianto**	pleurer, pleuré
prendere	**preso**	prendre, pris
raccogliere	**raccolto**	ramasser, ramassé
ridere	**riso**	rire, ri
risolvere	**risolto**	résoudre, résolu
rispondere	**risposto**	répondre, répondu
rompere	**rotto**	rompre / casser, rompu / cassé
scendere	**sceso**	descendre, descendu
scrivere	**scritto**	écrire, écrit
soffrire	**sofferto**	souffrir, souffert
sorridere	**sorriso**	sourire, souri
tradurre	**tradotto**	traduire, traduit
vincere	**vinto**	gagner / vaincre, gagné / vaincu
vivere	**vissuto**	vivre, vécu

Achevé d'imprimer par Corlet, Imprimeur, S.A. - 14110 Condé-sur-Noireau
N° d'édition : 3092 - N° d'Imprimeur : 145306 - Dépôt légal : mars 2012
Imprimé en France